REFLEXOS DO PASSADO

Reflexos do Passado (O Talismã Maldito)

2-2-06-3.000-10.000

Direção editorial: **Flávio Machado**
Assistente editorial: **Dirce Yukie Yamamoto**
Chefe de arte: **Marcio da Silva Barreto**
Capa: **Ricardo Brito**
Diagramação: **Ricardo Brito**
Revisão: **Maria Aiko Nishijima**
Fotolito da capa: **Yanguer Stúdio Gráfico Ltda.**
Impressão: **Yangraf Gráfica e Editora Ltda.**

Dados Internacionais de Catalogação na Publicação (CIP)
(Câmara Brasileira do Livro, SP, Brasil)

Carlos, Antônio (espírito)
Reflexos do passado / romance do Espírito Antônio Carlos ; psicografado pela médium Vera Lúcia Marinzeck de Carvalho. – São Paulo : Petit, 2005.

ISBN 85-7253-130-0

1. Espiritismo 2. Psicografia 3. Romance brasileiro
I. Carvalho, Vera Lúcia Marinzeck de II. Título.

97-0370 CDD: 133.93

Índices para catálogo sistemático:
1. Romances mediúnicos : Espiritismo 133.93

Impresso no Brasil, no verão de 2006.

REFLEXOS DO PASSADO

ROMANCE DO ESPÍRITO
Antônio Carlos

PSICOGRAFADO PELA MÉDIUM
Vera Lúcia Marinzeck de Carvalho

petit
editora

Rua Atuaí, 383/389 – Vila Esperança/Penha
CEP 03646-000 – São Paulo – SP
Fone: (0xx11) 6684-6000
Endereço para correspondência:
Caixa Postal 67545 – Ag. Almeida Lima
03102-970 – São Paulo – SP

www.petit.com.br
petit@petit.com.br

Livros da médium
VERA LÚCIA MARINZECK DE CARVALHO

Da própria médium:

- *Conforto Espiritual*

Psicografados:

Com o Espírito Antônio Carlos

- *Reconciliação*
- *Cativos e Libertos*
- *Copos Que Andam*
- *Filho Adotivo*
- *Reparando Erros de Vidas Passadas*
- *A Mansão da Pedra Torta*
- *Palco das Encarnações*
- *Histórias Maravilhosas da Espiritualidade*
- *Muitos São os Chamados*
- *Reflexos do Passado*
- *Aqueles Que Amam*
- *O Diário de Luizinho* (infantil)
- *Novamente Juntos*
- *A Casa do Penhasco*
- *O Mistério do Sobrado*
- *O Último Jantar*
- *O Jardim das Rosas*
- *Morri! E Agora?*
- *O Sonâmbulo*
- *Sejamos Felizes*
- *O Céu Pode Esperar*
- *Ah, Se Eu Pudesse Voltar no Tempo*

Com o Espírito Patrícia

- *Violetas na Janela*
- *A Casa do Escritor*
- *Vivendo no Mundo dos Espíritos*
- *O Vôo da Gaivota*

Com o Espírito Rosângela

- *Nós, os Jovens*
- *A Aventura de Rafael* (infantil)
- *Aborrecente, Não. Sou Adolescente!*
- *O Sonho de Patrícia* (infantil)
- *Ser ou Não Ser Adulto*
- *O Velho do Livro* (infantil)
- *O Difícil Caminho das Drogas*
- *Flores de Maria*

Com o Espírito Jussara

- *Cabocla*

Com espíritos diversos

- *Valeu a Pena!*
- *O Que Encontrei do Outro Lado da Vida*
- *Deficiente Mental: Por que Fui Um?*

Livros em outros idiomas

- *Violets on the Window*
- *Violetas en la Ventana*
- *Violoj sur Fenestro*
- *Reconciliación*
- *Deficiente Mental: ¿Por que Fui Uno?*
- *Viviendo en el Mundo de los Espíritus*

Sumário

um

As Ruínas

Três garotos saltitantes embelezavam mais ainda a paisagem bonita daquele vale localizado pertinho da cidade em que residiam. O vale era pequeno, tinha pasto para gado e, num lugar privilegiado, ficavam as ruínas do que outrora fora uma bela residência. Mas o tempo passa, modifica, acaba... Agora as ruínas faziam parte da paisagem tranqüila.

– Faz um tempão que não vamos às ruínas. Que tal irmos lá brincar um pouquinho? – perguntou a menina.

Amélia tinha onze anos, era esbelta, cabelos castanhos, olhos da mesma cor, expressivos e encantadores. Era muito extrovertida, alegre e agradável. Acompanhava os amigos com igualdade nas brincadeiras e artimanhas de garotos do interior.

– Será que não tem cobras por lá? O gado não vai às ruínas. Observem, eles rodeiam mas não entram – falou Fabiano.

Fabiano era o mais velho e ajuizado do trio. Estava para completar quinze anos, era franzino para sua idade, mas esperto, inteligente e muito observador. Seus modos e idéias eram ainda os de um menino. Achava lindas as ruínas, embora lhe dessem arrepios e uma sensação de tristeza. Por isso não era muito do seu gosto brincar nelas.

As ruínas eram porções de paredes grossas, dando perfeitamente para perceber as divisórias de uma antiga casa. Havia partes de construção mais altas e outras quase rentes ao chão, e também vãos onde antes haviam as janelas e as portas. A antiga casa fora grande, espaçosa e com muitos cômodos. O mato era pouco e rasteiro mas teimava em crescer entre as pedras, que tinham sido cuidadosamente colocadas para servir de piso. Via-se que em muitos lugares da residência o piso fora revestido de madeira, da qual agora só restavam alguns fragmentos.

– Vamos lá! Estarei com um pedaço de pau na mão, defenderei Amélia das cobras – falou rindo Mauro.

Mauro era ruivo, sardento e de sorriso largo. Era o mais peralta e o líder do pequeno grupo. Tinha treze anos e era forte, gabava-se de ser corajoso e realmente era.

– Não preciso que me defenda! – exclamou a menina.

Finalmente, as crianças entraram nas ruínas.

– Veja, aqui era a cozinha, grande e arejada, o fogão está intacto. Ali era a sala, a lareira – falou Fabiano convicto.

– Fabiano, parece que você conhece a casa – disse Amélia.

– Vamos brincar do que por aqui? – indagou Mauro.

– Ali, Amélia! – cutucou Fabiano.

Os dois meninos olharam para o local indicado e viram um vulto. Observaram com atenção, curiosos.

– Cobra não é! – falou Mauro.

– Nem vaca! – exclamou Fabiano.

Aproximaram-se um do outro, Fabiano colocou Amélia no meio e ficaram os três unidos e atentos ao vulto, que foi aos poucos, mas com rapidez, tomando forma de homem.

– É um fantasma! – falou Fabiano.

– É alma do outro mundo! Alma penada! – exclamou Mauro.

Amélia não conseguiu falar nada. Não era do seu costume, mas, naquele momento, aceitou a proteção dos meninos e ficou entre os dois. A figura não se formou perfeita. Mas os meninos viram, sentiram que era um homem, vestido com roupas do passado, moreno-claro e com os cabelos despenteados. Quando os encarnados vêem os desencarnados, se estes não se materializam, sua percepção lhes permite sentir mais que ver. Mas o vulto materializou-se, tomou forma sem ficar totalmente visível.

– "Alma penada é sua avó!"– disse o vulto com um tom indelicado.

Os meninos ouviram-no perfeitamente. A voz era igual à de um encarnado.

– Minha avó é viva e, se fosse morta, não seria alma penada! – respondeu Mauro.

– Mauro – disse baixinho Amélia –, é melhor não responder a este senhor morto.

– Ora, não é um defunto que me dirá desaforos. Sabe bem como gosto de minhas avós. Se ele quiser ser respeitado que respeite – Mauro falou estufando o peito.

– "Ora, seus moleques! Ahhhh!..." – berrou o vulto.

O espectro deslizou uns dois metros na frente dos meninos. Eles se assustaram mas não saíram do lugar. Fabiano por nada correria primeiro. Amélia honraria sua condição de mulher valente. E Mauro não ia correr mesmo. Estava gostando muito da novidade. Havia tempo não se divertia tanto.

O vulto parou decepcionado. Olhou-os bem e voltou para trás.

– Que tal fazermos amizade? – perguntou Mauro. – Sou Mauro, este é o Fabiano e esta menina é a Amélia. Viemos aqui brincar e investigar por que o gado não entra aqui já que o lugar não é cercado. Como você se chama? Defunto? Fantasma? Ou alma...

– "Vocês não têm medo de mim?" – indagou o espectro.

Amélia ia fazer que sim com um gesto de cabeça, mas como Mauro a olhou, balançou-a negativamente. Fabiano não respondeu, observava tudo, com curiosidade e medo que procurou esconder. Mauro respondeu:

– Não, senhor. Por que haveríamos de ter?

– "Porque já morri" – respondeu o vulto.

– Isso não é motivo para ter medo. Morreu e daí? Largou de ser gente?

Mauro falou dando uns passos em direção ao vulto. Amélia o segurou pela roupa.

– Como se chama? Já nos apresentamos – insistiu o garoto.

– "Lázaro" – disse o espectro.

As crianças se aquietaram. Ninguém por momentos falou nada. Amélia puxou os dois pela roupa, porque queria cochichar.

– E agora? É melhor irmos embora. – falou Amélia em voz baixa.

– Tenho de almoçar para ir à escola – disse Fabiano.

– É – falou Mauro –, vamos. Este Lázaro não fala mais e eu também tenho de ir. Se me atraso, minha mãe fica brava.

Viraram-se e saíram das ruínas e o vulto sumiu.

– É um fantasma! – exclamou Fabiano. – Um espírito de morto!

– É sim! – concordou Mauro. – Vamos voltar amanhã para conversar melhor com ele. Podemos vir mais cedo. Só que não devemos contar a ninguém que o vimos. Não acreditarão e dirão que somos mentirosos. Não gosto que digam que sou mentiroso.

– Guardaremos segredo – falou Amélia. – Será um segredo só nosso. De nós três!

– Concordo, voltaremos amanhã – falou Fabiano. – Mas não será perigoso? Morto é morto!

– Ora, vivo é vivo até que morre – respondeu Mauro. – Ele que não se meta a engraçadinho comigo.

– Você pensa que é muito corajoso? – indagou Amélia. – Eu também não tive medo e nem tenho. Voltarei amanhã!

Mauro afastou-se da garota uns passos, riu e deixou a menina alerta. Cantou:

– *Amélia que era mulher de verdade. Amélia não tinha a menor vaidade...*[1]

– Seu estúpido! – gritou a menina dando uns bons tapas nele.

Fabiano tentou separá-los; aproveitando a interferência do amigo, Mauro correu, Amélia foi atrás e Fabiano acompanhou-os. Por mais que se esforçasse, Amélia não conseguiu alcançar Mauro. Chegaram às suas casas que eram próximas. Tudo na cidadezinha ficava perto. Fabiano chegou a casa ofegante.

– Que aconteceu, meu filho? – indagou sua mãe.

Fabiano pensou em falar da aventura nas ruínas, mas não o fez. Lembrou-se de que tinham combinado não dizer nada da assombração ou do que quer que fosse o vulto falante que viram. Não gostava de esconder nada da mãe, mas tinha prometido, e segredo era segredo. Por isso respondeu:

– Foi a Amélia que correu atrás do Mauro.

– Não entendo o porquê de a Amélia querer bater assim no Mauro – disse a mãe do garoto.

---

1. Trecho de famosa canção brasileira *Ai, que saudades da Amélia*, de Mário Lago e Ataulfo Alves (Nota do Editor).

– É porque – respondeu Fabiano – ela não gosta que lhe cantem a música *Ai, que saudades da Amélia*, a marchinha de Mário Lago. Ela acha que mulher de verdade é diferente e não como diz a letra.

– E você, que acha?

– Para mim, homem e mulher são iguais.

– É verdade, meu filho – falou a mãe. – Somos iguais perante Deus. Nossos erros e defeitos, como qualidades e valores, não dependem de sexo. Somos criaturas humanas e todos deveriam ter os mesmos direitos e deveres.

Os garotos estudavam no período da tarde. Foram à escola, onde se encontraram. Mauro e Amélia esqueceram o desentendimento, mas não o vulto. Não tiveram como conversar os três sozinhos e trocar idéias, mas combinaram de se encontrar bem cedo no outro dia.

Logo de manhãzinha estavam nas ruínas. Observaram tudo e não viram nada. Tudo quieto, nem vulto nem vozes, nada.

– Por que será que ele não apareceu? Lázaro! Lázaro! – chamou Amélia.

– Será que ele quer brincar de esconde-esconde? – indagou Mauro.

– Bela brincadeira – exclamou Fabiano –, já que ele pode ficar invisível e nós não!

– Não responde! – falou Mauro, rindo. – Bem... Alma penada! Alma penada!

Os meninos receberam uma saraivada de pedrinhas miúdas e tentaram com as mãos proteger o rosto e a cabeça.

– Vamos sair daqui! – falou Fabiano. – Podemos nos machucar.

Como Mauro concordou, saíram correndo e foram sentar-se num tronco de árvore a uns duzentos metros das ruínas.

– Você não deveria ter chamado a assombração de alma penada – disse Amélia.

– Agora tenho certeza que isso o ofende – respondeu Mauro. – Será meu trunfo. Vamos voltar amanhã e tentarei ser amável com este senhor morto.

Realmente voltaram. Chamaram-no por minutos e nada.

– Será que é um falsário? Vai ver não se chama Lázaro – disse Amélia.

– Ou não gostou da gente – falou Fabiano.

– "Eu me chamo Lázaro e não sou um falsário!"

Só ouviram a voz e nada de ver o vulto.

– Bom dia, senhor Lázaro! – exclamou Amélia, chegando perto de Fabiano.

– "Bom dia que nada! Mau dia!" – respondeu a voz.

– Por que não aparece? – indagou Mauro.

– "Pensa que é fácil? Necessito do material de vocês e da natureza. Manejar isso tudo não é fácil" – respondeu a voz.

As crianças acalmaram-se por momentos.

Na natureza, todo aquele que tem mais dá a quem não tem ou tem menos. No caso, os três garotos tinham muita energia e muita potência fluídica. Mesmo sem saber manejá-las direito, Lázaro conseguia com a energia dos garotos e com a concentração de material existente no local ectoplasma[2] suficiente para tornar-se visível. Normalmente, esse é um processo difícil. O desencarnado deve saber fazer isso para não causar dano aos encarnados. Materializações, ou aparições tangíveis de desencarnados, boas e conscientes, devem ser cautelosas; há no entanto muitos desencarnados que por qualquer motivo desejam se tornar visíveis aos encarnados. Portanto, os encarnados devem ter prudência. Se a materialização é de desencarnados maus ou perturbados, estes não se importam se, ao "materializar-se", irão fazer mal a quem os vê. Os bons sempre são muito cautelosos. Lázaro sabia que esse fenômeno era possível e tentava provocá-lo. Todos, os meninos e ele, estavam num lugar familiar: Lázaro, por vagar por ali havia tempo, e os garotos por terem vivido lá em encarnação anterior. O processo da materialização pode ser suscitado inconscientemente, isto é, o desencarnado, mesmo sem saber, usa a vontade como fator preponderante. Ele quer e, quando no local há fluidos suficientes e pessoas com potência fluídica, consegue se tornar visível, porém poucos conseguem vê-lo. Com muitos encarnados e com vibrações diferentes, de descrença, medo, gozação etc., a corrente vibratória se rompe e é difícil realizar o processo. No fato que narro, tudo ali era propício à materialização de Lázaro. Os meninos, não tendo medo e querendo que ele aparecesse, doavam espontaneamente energia ao desencarnado,

2. Ectoplasma: energia fluídica, quintessenciada, da qual se servem os espíritos para se tornarem visíveis, para se "materializarem" (N.E.).

que a tinha de menos. Essa energia, porém, pode ser tirada sem o consentimento do encarnado, roubada. Aconselho aos leitores que não usem este processo sem o conhecer. Este fenômeno foi mais usado quando o Espiritismo despontou, para tentar provar que a vida continuava após a morte do corpo. Tantas provas e pouca coisa mudou. Aquele que acredita vê em pequenos fatos a prova. Já o descrente contradiz tudo.

Mauro quebrou o silêncio.

– Ora, vê se dá um jeito de aparecer. Você... Não vou chamá-lo mais de senhor. Você não está sendo legal. Não aparece, não sabemos onde está e ainda nos joga pedras. Não quero ofendê-lo, mas não agiu como homem. Uma pessoa valente enfrenta o outro cara a cara. Acho que foi covarde.

– Mauro – exclamou Amélia –, não fale assim!

– Igualdade! Não aceito privilégios! Só porque o cara está morto pensa que pode usar e abusar? Pois é bom que saiba que comigo é assim: cara a cara. E, você, Amélia não me chame a atenção na frente de estranhos.

Amélia armou a mão. Fabiano segurou-a.

– Não vamos brigar! – declarou Fabiano.

Aquietaram-se. Era um trato de honra do trio. Poderia haver desavenças entre eles, pois Mauro e Amélia estavam sempre brigando. Já com Fabiano não, era mais pacífico. Mas, no caso de desentendimento com outras pessoas, os três ficariam unidos, esquecendo suas rixas. Fabiano lembrou os amigos do trato e bem na hora. O tal Lázaro, ou melhor, a voz, representava um perigo ou uma boa briga, embora desta vez os três não soubessem bem como seria o desenrolar de um desentendimento.

– "Pare de rir!" – gritou o espectro, que enfim se materializou, sentado no alto de uma parede no centro da sala da lareira onde estavam os garotos.

– Desculpe, senhor – falou Fabiano –, mas não estamos rindo.

– "Não são vocês. É o outro, o Pedro!" – falou Lázaro.

– Quem é esse Pedro? Por que ele não aparece? – perguntou Mauro.

– "Ele não gosta de aparecer" – respondeu Lázaro. – "Fica aí só olhando. Há tempo está aqui, assusta o gado. Foi ele que me deixou ficar aqui, deixou para que o ajude a procurar."

Os animais têm muita percepção, muitos vêem desencarnados e não costumam ir aonde eles estão – principalmente se esses desencarnados têm fluidos pesados.

– Procuram o quê? – indagou Amélia, curiosa.

– "Não sei!" – respondeu Lázaro. – "Não sei se é um objeto, tesouro, pessoa ou o quê. Já revistamos tudo e nada."

O espectro foi sumindo.

– Não se vá, vamos conversar mais – falou Mauro.

– "Não posso, eu..."

Lázaro sumiu e as crianças também não ouviram mais nada. Como já foi explicado, Lázaro não dominava bem o fenômeno e bastou o outro, Pedro, interferir para que sumisse.

Os meninos passaram a ir freqüentemente às ruínas e quase sempre conversavam com Lázaro, que por diversas vezes se materializou.

Um dia, ouviram um barulho diferente. O ruído vinha de cima. Os três olharam para ver o que era, tropeçaram num tronco e caíram.

– "Ha! Ha! Ha!" – gargalhou Lázaro, que apareceu sentado em seu lugar preferido.

Levantaram-se rápido. Mauro enfureceu-se, mas dominou-se. Os dois companheiros estranharam a atitude do amigo, mas nada comentaram. Gostaram de ele não ter revidado. Conversaram normalmente e despediram-se. A conversa tratou de assuntos diversos, papo de amigos ou conhecidos.

– "Vocês voltarão amanhã?" – perguntou Lázaro.

– Não – respondeu Fabiano –, amanhã é domingo.

Aos domingos, eles não iam às ruínas. Pela manhã iam à missa e à tarde, como quase todos os habitantes da cidade, assistiam à banda do local tocar no coreto. Os meninos gostavam desses eventos e não os perderiam nem para encontrar com a assombração Lázaro.

Foram embora, as ruínas de agora em diante faziam parte da vida deles.

dois
Os Sonhos

Mas no domingo à tarde, sem que ninguém percebesse, escondido até dos dois amigos, Mauro foi às ruínas, onde preparou uma armadilha para Lázaro. Ninguém ria dele e ficava por isso mesmo. Cautelosamente, pela manhã bem cedo, antes da missa, no quintal de sua casa, ele preparou em uma lata uma tinta forte, com anil, um produto usado na lavagem de roupas para torná-las mais brancas. Mas o garoto colocou muitos tubos de anil e a água tornou-se azul-escura. Mauro guardou a lata num lugar seguro. À tarde, saindo escondido da praça, foi para casa, pegou a lata e levou até as ruínas, onde fez sua armadilha. Procurou não fazer barulho e agiu rápido. Depois, voltou à praça e não contou nada a ninguém.

Na segunda-feira pela manhã, os três reuniram-se e partiram rumo às ruínas. Quando estavam quase chegando, Amélia pediu que parassem, pois queria conversar com os dois. Sentaram-se no chão.

– Tenho sonhado com as ruínas – disse a menina. – Bem, não é com as ruínas, é com a casa, com a construção inteira, antes de se tornar ruína. Só que não sou eu, mas ao mesmo tempo sinto que sou eu.

– Sonho muito confuso, garota! – exclamou Mauro. – Explique melhor.

– O pior é que não entendo. É isto, por três vezes sonhei com a casa. Que ando por ela, estou triste e sofrendo por um amor. Choro e hoje acordei chorando.

Todos ficaram quietos por instantes.

Cada encarnação é uma oportunidade de recomeçar e nada melhor para um recomeço que o esquecimento. O passado passou e nada fará mudar os acontecimentos. O presente é que nos importa, porque seremos no futuro o que construirmos na existência presente. Os sonhos têm muitos significados, são lembranças do cérebro físico de acontecimentos diários. Quando adormecemos, desligamo-nos e o espírito sai do corpo físico; ao despertar, podemos recordar as aventuras ocorridas durante o desligamento como se fossem sonhos. Aconselho não dar muita importância aos sonhos. Mas também em sonhos podemos relembrar fatos de outras encarnações.

Fabiano também estava tendo sonhos confusos, mas não disse nada para não impressionar mais a amiga. Também sonhava com as ruínas, com brigas. Via seu pai e sua mãe se desentendendo, a morte deles e ele escondendo algo que era ruim, a causa de todo o sofrimento. Via, como Amélia, não as ruínas, mas uma casa bonita e confortável. Reconhecia-se como outra pessoa, ou seja, diferente de sua aparência atual e vestido com trajes antigos.

Os três pensaram nos acontecimentos que os envolviam em relação às ruínas. Parecia que estavam, por algum motivo, ligados a elas. Fabiano foi quem os despertou de seus pensamentos, dizendo tristemente:

– As ruínas estão nos impressionando. Talvez seja melhor não irmos mais lá.

– De jeito nenhum! – falou Mauro. – Nunca encontrei uma brincadeira tão legal assim. Vamos lá!

Assim que chegaram, chamaram por Lázaro, que apareceu sentado bem no seu canto predileto. Trocaram alguns comentários e Mauro falou:

– Você, Lázaro, riu de nós no sábado. Agora nós vamos rir de você.

Puxou um barbante. Mauro havia colocado a lata com a água bem em cima do local preferido de Lázaro. O barbante em que amarrou a lata descia pela parede e estava bem escondido. A lata virou, e a água com anil caiu em cima de Lázaro, que levou um susto. Mauro gargalhou. Fabiano e Amélia também se assustaram. Amélia não sabia se ria, ficou olhando a cena com os olhos arregalados.

– Então, "seu" assombração, agora se assusta em vez de assustar! – exclamou Mauro gostando do resultado de sua armadilha.

– Oh! – exclamou Lázaro.

Mas a água não o molhou nem o sujou. Mesmo sendo Lázaro um desencarnado tão ligado ainda às sensações físicas, às coisas materiais, ele não tinha o corpo físico, não podendo assim ser atingido pela cilada armada por Mauro. Mas levou um susto com a astúcia do garoto. Lázaro sentiu o impacto das energias psíquicas de Mauro, que queria assustá-lo. A água foi o elemento que o garoto impregnou com seus desejos. Quando o menino puxou o cordão da armadilha, o raciocínio de Lázaro ficou paralisado por segundos, sem atinar como que acontecia. Nesse vácuo, as sugestões concentradas do garoto o atingiram, e ele sentiu-se molhar, muito embora não tivesse se molhado. Os dois desencarnados, Pedro e Lázaro, que ficavam sempre nas ruínas, não estavam no local no momento em que Mauro colocou a armadilha. Se estivessem, teriam visto o garoto. É uma ingenuidade querer fazer algo escondido de desencarnados, pois estes, estando no local, tudo vêem.

Lázaro não achou graça e ficou nervoso. Fabiano segurou a mão de Amélia e a puxou. Correram e Mauro acabou acompanhandoos amigos. Pararam a uma boa distância.

– Viram como revidei? Ele riu de nós, hoje rimos dele – disse Mauro rindo.

– Você riu – falou Amélia. – Não gostei da brincadeira. Coitado do Lázaro!

– Também tenho pensado que o Lázaro é um coitado – concordou Fabiano. – Vive só, abandonado nestas ruínas. Talvez precise de nós.

– Bem, se vocês pensam que ele precisa de ajuda, vamos perguntar e ajudar – falou Mauro, parando de rir.

– Ora, depois do que você fez? Talvez ele não queira mais falar conosco. Menino malvado!

– Antes ser malvado que bobo igual a você. Amélia, mulher de verdade!

Mauro correu após receber da amiga uns bons tabefes. Ele era valente, mas não revidava quando se tratava de Amélia. Corria para não apanhar. Fato que a deixava mais furiosa. Sabendo disso, Mauro a insultava.

– Não bato em mulheres, vocês são frágeis!

No outro dia, lá estavam. Chamaram por Lázaro e nada!

– Ele não vai aparecer – disse a menina. – Talvez, se você, Mauro, pedir desculpas, ele venha.

– Nada disso! – exclamou o menino. – Fiz e está feito! Não faço mais, mas não peço desculpas.

A menina ia responder, quando ouviram um barulho estranho, como se algo grande, uma louça ou vidro, estivesse sendo quebrado. Sentiram um cheiro desagradável e viram uma fumaça. Então, ouviram a voz de Lázaro:

– "Corram! É Pedro! Ele pode lhes fazer mal!"

Fabiano e Amélia tiveram de puxar Mauro pela roupa. Saíram das ruínas. Foram embora trocando comentários. Concluíram que Lázaro não era mau, mas Pedro não era camarada e deveriam ter cautela com ele.

Naquela noite, Fabiano dormiu mal, sonhou e ficou impressionado. Seu sonho lhe pareceu muito real. Viu que era ele na aparência do outro com quem já sonhara, apoiando um homem, que era seu pai, mas não o pai de agora, era outro pai. Esse homem estava muito doente, ofegante e triste. Fabiano ajudava-o a se deitar num sofá na sala da lareira e ele lhe dava algo. O objeto era pequeno, cabia na sua mão.

"Esconda-o bem", disse o homem, "para que ninguém o ache! É maldito!"

O menino acordou com uma sensação estranha, com o corpo dolorido. Aqueles sonhos estavam lhe fazendo mal. Não estava se alimentando bem, achava-se tristonho e pensativo.

No outro dia, foram novamente às ruínas. Logo na primeira chamada, Lázaro apareceu.

– Oi, Lázaro, como vai? – indagou Amélia, querendo ser agradável.

Lázaro não respondeu, fez um movimento incerto com a cabeça, que podia significar qualquer coisa. Fabiano disse:

– Lázaro, queremos ser, realmente, seus amigos. Diga-nos, precisa de ajuda? Podemos lhe ajudar?

O espectro coçou a cabeça, sentou-se no seu lugar preferido, mas antes certificou-se de não haver nada em cima.

– "É, acho que preciso de ajuda..."

– Como podemos lhe ajudar? Que fazer por você? Missas? – indagou Amélia, com pena.

– "Missas? Acho que não. Fui a tantas. Não sei se vocês podem me ajudar, nem eu sei do que preciso."

– Todas as pessoas que morrem ficam como você? – perguntou Mauro.

– "Não! Muitos dos que morrem somem" – respondeu o espectro.

– E você não pode sumir também? – Mauro perguntou curioso.

– "Não sei como eles fazem" – respondeu Lázaro. – "Estou tão cansado de ficar assim! Não sei como mudar."

A desencarnação difere muito em nosso planeta. Cada um tem uma continuação diferente na vida no Além. Lázaro, por sua vibração inferior, não conseguia ver desencarnados bons. Assim, os que tinham o corpo físico morto e eram socorridos sumiam, pois ele não via o desligamento nem os socorristas. Lázaro não tinha sido socorrido até aquele momento porque, mesmo cansado, não havia pedido socorro a Deus ou a quem atende em Seu nome.

– Lázaro, por que não fala um pouquinho de você – pediu Fabiano. – Que fez enquanto vivia num corpo igual ao nosso?

Lázaro silenciou por momentos, seus olhos ficaram parados, os três aguardaram ansiosos sua narração. O passado veio-lhe à mente, ele recordou e se pôs a falar:

– "Quando vivia num corpo de carne como o de vocês, não dei muita importância a nada. Era um gozador. Religião? Tinha, sim, só para atos exteriores. É bem mais fácil fazer algo que não custa, como ir a cerimônias e orar só com os lábios. Entendi isso após muito tempo vivendo assim, sem rumo. Até me confessava, pecava e ia correndo receber o perdão, só que esquecia do mais importante: arrepender-me realmente e não querer pecar mais. Tudo o que fica só no externo não tem valor. Isso acontece em qualquer seita ou religião que se segue. O que nos liga a Deus é o nosso íntimo, nossos atos sinceros de amor. Fui comerciante de madeira. Trabalhar, mesmo, acho que não trabalhei; mandava os outros fazer por mim. Arrependo-me disso, com certeza. Se tivesse trabalhado, a ociosidade não me pesaria tanto. Casei e tive filhos, não dei importância a eles, não os amei e, que decepção, logo que meu corpo físico morreu percebi que também não fui amado. Tanto que, quando entendi que havia morrido, voltei para casa e não gostei nada de ficar por lá. Morri e fiquei no corpo que foi enterrado. Um trabalhador, morto como eu, que ficava no cemitério, tirou meu espírito do sepulcro e disse que eu havia morrido e ia continuar a viver com este corpo. Não dei atenção a ele e fugi. Foi quando voltei para minha ex-casa e, então, como não fui visto por ninguém, compreendi que era verdade. Nada no meu antigo lar me prendia. Conheci outros mortos que vagavam e gostavam de ficar com seus familiares na sua ex-casa, sentiam-se como presos a ela. Eu não, até escutei dos meus gozações sobre meus defeitos. Isso poderia ter me enfurecido e eu poderia tê-los castigado. Entendi, porém, que estavam certos, nada nos ligava. Não fui mau, nem fiz grandes maldades, mas nada fiz de bom nem a mim nem a ninguém. Colhi o que mereci ou o que plantei."

Lázaro finalizou sua narrativa e abaixou a cabeça, tristonho. Realmente, muitos passam pela vida encarnada iludidos somente com o plano físico, com os prazeres que este proporciona. Muitos, como Lázaro, não fizeram maldades ou muitas maldades, mas se esqueceram da parte verdadeira, a que nos acompanha após a desencarnação: o aprendizado no bem, a ajuda ao próximo, porque o que fazemos aos outros – atos bons ou ruins – primeiro os fazemos a nós mesmos. Daí a expressão certa dele: "Não fiz nada de bom a mim mesmo". Tendo oportunidade, não aprendeu, não leu boas obras, não seguiu a religião com sentimento, fé e sinceridade, não cultivou a bondade, o carinho, nem com seus familiares. Não trabalhou; o trabalho honesto muito nos beneficia. A ociosidade é a porta aberta a vícios e maledicências. Nem amigos ele fez que lhe pudessem prestar um socorro. Infelizmente, são muitos os imprudentes como Lázaro.

Amélia comoveu-se com a história de Lázaro e lhe falou com tom delicado:

– Senhor Lázaro, não se entristeça! Acredito que, quando pedimos perdão a Deus com sinceridade, Ele nos perdoa. E, quando pedimos ajuda a Ele, alguém em Seu nome nos auxilia. Não se sinta assim tão infeliz. Vamos pensar e acharemos um modo de ajudá-lo.

– "Agradeço-lhes. Sabem, meninos, não foi sempre que pensei assim. Antes, eu achava que tinha razão e Deus estava sendo injusto comigo. São recentes estes pensamentos. Acredito que estive muito errado. É que estou cansado de não fazer nada. Quem não faz nada, perde tempo e ganha um vazio."

Os meninos não falaram mais nada. Mauro teve vontade de responder mas não o fez, não quis entristecer mais o amigo, mas pensou:

"Não faz nada porque não quer, sempre tem algo de bom e útil para se fazer. Trabalho não falta!"

Voltaram para casa conversando.

– Como é ruim querer ajudar e não saber como – falou Amélia.

– Temos de aprender – disse Mauro –, só que também não sei como.

Não chegaram a nenhuma conclusão, despediram-se, reencontraram-se na escola, mas não comentaram o assunto.

Naquela noite, Fabiano teve medo, não queria sonhar, mas sonhou que corria pela antiga casa chamando por sua mãe e, de repente, viu-a beijando um homem. O casal era desconhecido, porém tinha certeza de que eram Amélia e Mauro.

Nas ruínas, no outro dia, Amélia contou aos amigos que sonhara que estivera ali, que era uma mulher adulta, triste e também procurava algo, um objeto que julgava que lhe traria sorte e fortuna. Desejava doar esse objeto a uma outra pessoa.

– Deve ser o objeto que escondi – falou sem querer Fabiano.

– Que disse? – indagou Mauro.

– Nada, não – tentou consertar Fabiano. – Pensei na bola da Amélia que escondi no pátio.

– Não, Fabiano, preste atenção – falou Amélia. – Estou falando do meu sonho. Acordei hoje muito triste e com saudades mas nem sei do quê. Não quero sonhar mais. Não estou gostando desses sonhos. Neles vejo esta casa inteira, bonita e com móveis luxuosos.

Lázaro não apareceu naquele dia e eles foram embora.

Por três dias choveu muito e eles não foram às ruínas. Fabiano também não sonhou, mas no quarto dia...

Sonhou que estava na casa dando ordens aos empregados e escravos para esvaziá-la. Os móveis eram carregados nas carroças, e a casa ficou vazia. Fechou-a e partiu, deixando a casa entregue ao abandono. Estava muito triste, mas esperançoso. Dissera ao fechar a porta: "Aqui sofremos muito, quero começar a vida em outro lugar. Que as tristezas fiquem aqui junto com o talismã maldito!"

Acordou e viu um vulto; pensou ser Lázaro, mas sentiu que era Pedro. Lembrou do outro fantasma que vagava pelas ruínas e teve certeza de que era ele. O vulto não falou, mas seus pensamentos lhe vieram à mente.

– "Então, você é o Evandro? Trate de se lembrar onde escondeu aquele objeto. Quero-o! É meu! Só eu fiquei para procurá-lo! Pertence-me! Ache-o para mim! Quero o talismã!"

O vulto sumiu. Fabiano sentiu uma sensação de horror. Teve certeza de que Pedro não era igual a Lázaro. Ele era mau. Não conseguiu dormir mais. Ficou pensando em como conseguir se livrar desses sonhos. Não podia pedir ajuda à mãe, pois ela não ia entender. Depois, não podia contar a ela, prometera aos amigos nada falar a ninguém. Mas estava assustado e com medo. Além disso, não queria alarmar Amélia mais ainda, porque ela estava sonhando também e Mauro com certeza iria rir e chamá-lo de medroso.

Naquela manhã, não saiu de casa e, quando os dois amigos vieram chamá-lo, disse que estava com dor de cabeça e ia ficar deitado. Era verdade, parecia que sua cabeça ia estourar.

Os outros dois não foram às ruínas sem o companheiro, voltaram para casa. Amélia também estava abatida e desanimada. Sonhara que era casada, tinha um filho, mas que amava outro homem por quem chorava muito. E, pior, pensava ela, este outro parecia ser Mauro, o amigo que a atazanava tanto.

Fabiano ficou pensando nos seus sonhos. Certamente, teriam algum significado. Será que eram eles mesmos, Mauro, Amélia e ele, que viveram no passado na casa antes de ela se tornar ruínas? Como seria isso possível? O morto Pedro o chamava de Evandro. Será que era esse seu nome quando ali vivia?

Mesmo alguém que nunca ouviu falar de reencarnação tem no seu íntimo uma vaga noção a esse respeito. Tanto que, mesmo não crendo por não compreender, brinca e indaga: "Que fui no passado?" Ou diz: "Vou ser isto ou fazer aquilo na próxima encarnação". Essa percepção íntima com freqüência é sufocada em muitas pessoas por ilusão, preconceito, orgulho e até pelo pseudo-saber. Fabiano nunca, nesta encarnação, havia escutado falar disso, mas, como espírito que havia reencarnado muitas vezes ele sabia dessa possibilidade.

Escutara no sonho alguém dizer a palavra "talismã" e ouvira do tal de Pedro também a mesma coisa. Como não sabia o que era, resolveu procurar no dicionário. Leu muitas vezes:

> **talismã.** *objeto com figura gravada em pedra ou metal a que se atribui virtude sobrenatural; amuleto; encanto; popularmente se conhece também pelo nome de mascote.*

Talismã pode ser qualquer objeto, mas os mais conhecidos são objetos específicos para reter energias psíquicas. Normalmente, as energias são impregnadas por magnetizadores, conscientes ou não. Magnetismo é a influência exercida pela vontade do magnetizador sobre outra pessoa ou objeto, que se impregna com seus fluidos. O fato é que são energias de alguém, podendo ser de uma ou mais pessoas, que ficam no objeto e são sustentadas pelo magnetizador ou por quem o possui. Todos nós temos energias, só que uns mais e outros menos, uns sabem como usá-las e outros as usam inconscientemente. Essas energias podem interferir em organismos ou em pessoas que venham a entrar em contato com esses objetos. O talismã só exerce influência quando se acredita na possibilidade de que, ao se ligar a ele, recebem-se energias que podem ser benéficas ou malévolas. Quando o talismã é tido pelo dono como de suma importância, ele o sustenta vibratoriamente. Se é roubado, o desespero, a atitude agressiva do dono ficam quase sempre no objeto, que passa a ser um elo entre o dono e o ladrão. Como quem rouba é devedor, ele passa a sofrer o que o dono está emitindo. Isso pode se dar mesmo com o dono desencarnado, se ele ainda não tiver se desvinculado do objeto. O talismã só perde o potencial se houver desinteresse do dono, do magnetizador ou até mesmo daqueles que desejam possuí-lo.

Se o talismã é doado, seu magnetizador induz o receptor a crer nas qualidades negativas ou positivas que dizem que o talismã possui. Se o receptor confia no doador, ele próprio passa a sustentá-lo com seu magnetismo.

Pessoas de conhecimentos verdadeiros, com fé autêntica, repelem esses objetos, porque nossa boa conduta, a vontade, a fé, os conhecimentos e a vivência dos ensinos de Jesus é o que devemos ter como escudo na caminhada rumo ao progresso.

Fabiano ficou no quarto com o livro aberto. Disse à mãe que estava estudando. Estava assustado, com medo e sentia que Pedro ia atormentá-lo. Orou, pediu ao seu anjo da guarda ajuda, uma orientação de como agir.

três

A Ajuda

Como todas as orações sinceras têm resposta, Fabiano escutou a vizinha entrar em sua casa e conversar com sua mãe. Não era seu costume ouvir conversas, ainda mais de sua mãe, porém ficou atento quando ouviu:

– Ele fala com os mortos...

– Será que não é com os demônios? – perguntou sua mãe.

– Ele falou com minha avó e ela não é um demônio – explicou a vizinha. – Sabe como eu amava minha avó. O senhor Mário falou com ela e me deu o recado. Entendi perfeitamente que era ela. Depois, ele e a esposa são pessoas honestas e muito boas, fazem o bem, ajudam muito as pessoas. É estranho alguém, sendo bom, ser cúmplice do demônio.

– Nisso você tem razão, ele é boa pessoa. Não parece louco, é até sensato. Mas dizem por aí que os espíritas falam com os demônios.

– O senhor Mário me explicou que Deus é amoroso e bondoso, não criou ninguém para ser mau pela eternidade. Que os demônios ou capetas são espíritos que temporariamente seguem o mal e que todos, eles e nós, temos sempre oportunidades de mudar para melhor.

– É coerente...

Mudaram de assunto. Fabiano conhecia o senhor Mário, todos o conheciam. Era um homem forte, alegre, trabalhador e honesto. Falavam que ele era espírita, isto é, de uma religião que se comunica com os mortos. Fabiano ficou a pensar que, quando era pequeno, evitava, juntamente com os amigos, até de passar em frente da casa do senhor Mário. Mas será que tinha algo errado em falar com os mortos? Ele e seus amigos não estavam falando? Lázaro não era um? Se o senhor Mário fala com os mortos, ele certamente saberia ajudá-los. Não temia Lázaro, mas de Pedro tinha medo. Pedro deveria ser um morto louco.

Num impulso, saiu rápido de casa, sem avisar à mãe e tomou o rumo da casa do senhor Mário. Chegando, bateu à porta e gritou por ele:

– Senhor Mário!

"Que vou dizer a ele?", pensou. "Será que estou agindo certo? Será que ele não vai pensar que sou louco? Ou que estou mentindo? Acho que não deveria ter vindo..."

– Oi, Fabiano, como está?

O homem surgiu na porta e sorriu para o garoto, que não falou nada, apenas olhou-o e sentiu vontade de correr. Mas, como se estivesse paralisado, ficou ali. O senhor Mário aguardou uns momentos e, vendo a hesitação do garoto, colocou a mão no seu ombro e convidou:

– Vamos entrar. Que você veio fazer aqui? Não tenha medo. Não faço mal a ninguém.

Depois de sentado, Fabiano olhou novamente para o senhor Mário e concluiu que ele era realmente boa pessoa.

– Senhor Mário, tenho andado assustado. Temos, meus amigos e eu, visto uma assombração, um fantasma, e conversamos com ele. E agora um outro morto quer algo que diz que sei onde está, só que não sei. Juro que não estou mentindo e...

– Certamente que não mente. Acalme-se, Fabiano. Ajudo você. Comece a falar do ocorrido e pelo começo. Será mais fácil entender.

– É que queremos ajudar o fantasma e não sabemos como. Concluí que o senhor deve saber. Tudo começou quando fomos brincar nas ruínas...

Fabiano contou quase tudo, omitiu somente que viu Pedro. Ao terminar lembrou que prometera guardar segredo.

– Vou ficar, perante meus amigos, como fofoqueiro, o quebra-segredo. Prometemos não contar a ninguém.

– Eles não precisam saber que me contou. Vamos combinar o seguinte: amanhã estarei perto das ruínas, vamos nos encontrar "por acaso" e irei com vocês falar com este Lázaro. Sei como ajudá-lo e o farei.

– Obrigado, senhor Mário!

Fabiano saiu rápido e voltou para casa. A mãe ainda conversava com a vizinha e nem deu por sua falta. Sentiu-se mais tranqüilo. Naquela noite, dormiu melhor.

No outro dia, lá foram os três para as ruínas. Perto delas, encontraram o senhor Mário, que os cumprimentou. Fabiano corou e tentou disfarçar. Amélia os puxou para um cochicho.

– Que tal convidar o senhor Mário para ir conosco às ruínas? Se ele fala com os mortos, talvez nos auxilie a ajudar Lázaro. Tenho ficado cada vez mais com dó desse infeliz. Deve ser bem triste morrer e ficar assim como ele, sozinho, desprezado e vagando pelas ruínas.

– Por mim, tudo bem, e você, Fabiano, que acha? – indagou Mauro.

– Concordo – respondeu o menino.

– Senhor Mário – disse Amélia –, estamos indo para as ruínas. O senhor não quer ir conosco? Lá tem fantasmas e, como o senhor gosta de falar com eles, poderia ir e ajudar um deles, que é nosso amigo. Bem – tentou consertar o que falou –, é conhecido, ou... falamos com ele, bem pensamos...

Ao ver que só estava piorando, Amélia calou-se. Os quatro rumaram para as ruínas. Mauro foi quem chamou pelo desencarnado, mas timidamente e em tom de voz baixo.

– Lázaro! Lázaro!

Nada. O senhor Mário olhou por todos os lados, sorriu para os meninos e Mauro tratou de justificar.

– Tem dias que ele não aparece. Talvez tenha cisma do senhor.

– Pode ser – disse o homem. – Vamos embora?

Saíram das ruínas e o senhor espírita começou a falar aos meninos, tentando elucidá-los.

– Somos eternos. Quando vivemos com este corpo de carne, somos encarnados. Quando o corpo morre, o espírito deixa o corpo material e continua a viver sem ele, aí é um desencarnado.

– Então, Lázaro é um desencarnado! – exclamou Mauro.

– Sim, é! Ao deixarmos o corpo morto, somos levados a viver de outro modo. Os bons vão para lugares agradáveis e continuam sendo bons. Os imprudentes e maus vagam por aí, podendo prejudicar os encarnados. Precisam da ajuda dos bons para receber orientação.

– O senhor pode ajudar Lázaro? – perguntou Amélia.

Os três amigos estavam interessados e prestavam atenção às explicações que gentilmente lhes eram dadas pelo senhor Mário.

– Reunimo-nos, um grupo de amigos e eu, para tentar ajudar a quem nos pede. Oramos sempre com fé e conversamos orientando desencarnados como Lázaro. Os desencarnados bons que trabalham no grupo irão convidá-lo a ir ter conosco. Aprenderá muitas coisas, e o levaremos, se ele quiser, para um lugar onde muitos desencarnados moram.

– Isso será bom para ele, terá com quem conversar – falou Mauro. – Aqui, só tem a nós e ao outro desencarnado, que só procura uma coisa. E com este outro, o tal de Pedro, o que faremos?

– Tentaremos ajudá-lo também. Meninos, vocês não devem voltar mais às ruínas. Conversar com desencarnados não é nem deve ser uma brincadeira. Para entrar em contato com um desencarnado, deve-se saber como e entender esse intercâmbio, porque pode-se envolver com espíritos maus e sair prejudicado. As ruínas não são um bom lugar para vocês brincarem. Aqui existem muitas cobras e não é nada agradável.

– O senhor tem razão. Tenho sonhado muito com a antiga casa e ficado nervosa. Não quero sonhar mais que sou outra pessoa. Sonho que sou uma mulher um tanto má e que faço coisas feias. O senhor me ajuda?

– Sim, ajudo, só que não deve voltar mais aqui.

– Eu não volto – falou Amélia convicta.

– Não voltaremos – concordou Mauro. – Não gosto de ver Amélia nervosa e inquieta. O senhor ajuda Lázaro e esqueceremos o resto.

O senhor Mário despediu-se dos garotos, tomou o rumo de sua casa e pôs-se a pensar:

“Como somos imprudentes, e como há imprudentes! Vivem a existência carnal como se fosse o fim, apegam-se às coisas perecíveis, amam de modo errado o material e a ele ficam presos. Vi os dois desencarnados nas ruínas. Esconderam-se de mim atrás de uma parede. Identifiquei-os logo. Lázaro é um desencarnado incapaz de prejudicar os meninos, porque acabou por se tornar amigo deles. Vamos, na nossa próxima reunião, trazê-lo para uma incorporação para orientá-lo e conseqüentemente levá-lo para um Posto de Socorro onde terá uma vida digna de desencarnado. E o outro, a quem os meninos chamam de Pedro? Este me parece muito perturbado e preso ao desejo de posse, de ter o objeto que procura. Talvez não queira ajuda, está preso às ruínas e não parece interessado nos garotos, é melhor deixá-lo até que queira ser auxiliado. Quando queremos, temos sempre muitas oportunidades e ele as terá quando quiser e pedir com sinceridade."

"Os meninos têm disposição orgânica", continuou pensando, "que os faz ver e ouvir os desencarnados. Nós conhecemos como função tudo aquilo que é natural em todos os seres humanos. Deste modo, os cinco sentidos são funções. A capacidade de emanar energias psíquicas mais densas, pensadas, ainda não é tão comum em todos seres humanos, só que todos têm esse potencial. No final do terceiro milênio, é possível que a telepatia, que é atualmente uma dessas disposições, seja comum a todos. Essa disposição dos meninos, eles a possuem atualizada, é o que chamamos de mediunidade, fato que não ocorre ainda com a maioria. A natureza não dá saltos, evolui incessantemente. Esse potencial de emanação, de energias psíquicas, ou seja, a mediunidade, está sendo desenvolvido pela natureza na manifestação humana. Antigamente eram poucos, hoje são muitos e no futuro será algo natural no ser humano. Os três são médiuns."

"Ao reencarnarmos, o espírito toma um corpo ou mais fraco ou mais forte. Mesmo se todos fizerem atletismo continuará havendo a diferença física herdada. Mas se um mais bem-dotado fisicamente não se importar em cultuar a força física e o menos dotado trabalhar em cima de sua musculação, este último ficará tão forte e seu potencial físico será igual ou superior ao do outro. Assim também é com a mediunidade, ela se manifesta naqueles que vêm em corpos mais bem-preparados e, se não se derem conta deste valor, a sensibilidade ficará adormecida. Outros, com menos potencial mas interessados em desenvolvê-la, trabalham, pesquisam e se dedicam, conseguem assim desenvolver e aprimorar o que no princípio era pouco, tornando-o muito. As pessoas que reencarnam e são bem-dotadas e se dedicam ao desenvolvimento são as que chamamos de médiuns ativos, e se se dedicarem ao bem, então, veremos nelas uma chance de viver bem melhor e mais felizes que a maioria dos homens."

"Por terem esta potencialidade, combinada com os fluidos existentes na natureza, e ali os havia em abundância, os meninos puderam ver e conversar com Lázaro. As ruínas estavam impregnadas de fluidos angustiantes e pesados. Aquele lugar certamente foi palco de muitas desavenças, desentendimentos e dores."

Naquela mesma noite, o senhor Mário foi para mais uma reunião de ajuda. Estavam presentes muitos desencarnados trabalhadores que faziam o bem e poucos encarnados. Esses trabalhadores foram às ruínas e trouxeram Lázaro ao centro espírita sem que ele percebesse, isto é, por sua vibração inferior, Lázaro não via os desencarnados bons. Ele se sentiu puxado, foi como mudar de local num piscar de olhos, em segundos. Os socorristas volitando com rapidez pegaram-no e trouxeram-no. Lázaro incorporou e foi orientado.

Ele, nem ninguém, poderia ser feliz e ter paz vivendo a vagar. Foi convidado a mudar para melhor, estudar para entender, evangelizar-se e passar a fazer o bem.

Lázaro sentiu-se bem entre os novos amigos, aceitou o convite, mas fez um pedido.

– "Posso me despedir dos três amigos?"

Um dos trabalhadores do grupo de desencarnados o levou até os garotos. Lázaro foi primeiro se despedir da menina. Amélia estava em sua casa, já deitada, ia dormir e viu o vulto de Lázaro. Escutou-o, embora ele não tivesse falado. Foi uma telepatia. A menina entendeu, sentiu a mensagem dele.

– "Obrigado, Amélia, vou embora! Estou feliz! Tenho agora bons e novos amigos. Vou com eles."

–Adeus! – respondeu ela.

Mauro estava no quintal de sua casa, guardava umas ferramentas e viu Lázaro perfeitamente. Mauro era o que tinha a sensibilidade mais aflorada, e o que a potencializava mais ainda era o seu interesse de saber o que ocorria. E esse interesse eliminava o medo do desconhecido.

– "Mauro, vou embora" – falou o espectro – "o senhor Mário me ajudou."

– Legal! Acho que vou aprender a ajudar os desencarnados. Viu, aprendi o que você é: desencarnado. Vá com Deus! E aproveite a oportunidade de ajuda oferecida. Infelizmente são poucos os que ajudam.

– "Você fala bem" – disse Lázaro. – "É inteligente!"

– Obrigado! Quem é este que está com você? – indagou o menino vendo o socorrista.

– "É o companheiro que veio comigo. Trabalha com o senhor Mário" – explicou Lázaro.

– Isso é bom! Está vendo? Desencarnados também trabalham. Vê se aprende.

– "Até logo!"

– Até!

Fabiano já estava no seu quarto preparando-se para dormir. Viu Lázaro e teve medo. Sentiu-se aliviado quando este se despediu e sumiu.

Lázaro partiu, muito confiante e esperançoso, com seu novo amigo, para um Posto de Socorro que o abrigaria.

Horas depois, contudo, Fabiano acordou assustado. Viu um vulto ao lado de sua cama e o reconheceu: era Pedro.

Pedro era feio, pelo menos Fabiano assim achava. Estatura mediana, cabelos e olhos castanhos, lábios finos e barba crescida. A beleza ou a feiúra que achamos de desencarnados, porém, são normalmente sentidas pelos fluidos que eles nos transmitem. Os aspectos variam tanto no mundo físico como no espiritual. Há bons de fisionomias imperfeitas, que, ao serem vistos, irradiam tantas energias benéficas que normalmente quem os vê acha-os lindos. E, como isso é o que importa, são realmente belos. Espíritos perturbados e maldosos podem ter fisionomias belas, e muitos as têm, porém seus fluidos pesados, desagradáveis os fazem ser vistos como feios. Pedro tinha a fisionomia bonita, mas seu sorriso cínico e seu olhar carregado de ódio faziam avermelhar seus olhos, seus gestos maldosos tornavam-no feio, principalmente para o garoto assustado.

Fabiano o escutou num sussurro.

– "Menino, quero o que é meu! Ache o talismã e me dê!"

Fabiano, embora com muito medo, se esforçou e falou:

– Não tenho nada que é seu nem de ninguém. Nunca vi esse tal talismã. Não sei onde ele está!

– "Sabe! Você foi Evandro e sabe! Se não me der, irei tentar a menina!"

Fabiano começou a orar e pensou no senhor Mário. O espectro sumiu. Porém, ficou no menino a sensação de que ele, Pedro, estava no seu quarto a observá-lo. E essa sensação permaneceu com Fabiano o resto da noite e no outro dia.

À tarde, depois da aula, os três amigos se encontraram e comentaram a despedida de Lázaro.

Fabiano escutou os amigos, mas não lhes falou nada de Pedro; só disse que Lázaro também se despediu dele.

– Vou sentir falta dele – falou Mauro. – Dou risada sozinho quando lembro do susto que lhe dei. Espero que ele agora seja feliz e aprenda a trabalhar. Que horror! A preguiça está em todo lugar.

– Eu não volto mais às ruínas – disse Amélia. – Parece que a tal reencarnação existe mesmo e já vivi lá onde estão as ruínas e não fui nem um pouco feliz.

– Eu quero ser espírita – falou Mauro, entusiasmado. – Vou pedir para o senhor Mário me aceitar entre eles. Gostei de conversar com desencarnados – falou o termo com firmeza. – É bem interessante ajudar esses mortos do corpo que estão perdidos, sem rumo.

As crianças mudaram de assunto e depois foram para casa. Mas Fabiano tinha a sensação de que Pedro o acompanhava. De fato, esse espírito, acreditando que o menino poderia achar o objeto, o talismã, que tanto procurava, resolveu ficar com ele, ainda mais porque Lázaro fora embora e teria de ficar só nas ruínas. Fabiano, porém, não estava bem.

quatro

Obsessão

Fabiano passou uns dias inquieto. Sentia muita angústia e medo; o corpo doía e a cabeça ardia. Sentia, e era o que realmente ocorria. Pedro estava por perto a espionar. Fabiano estava triste e desanimado, não tinha vontade de brincar, conversava pouco, não conseguia estudar nem se alimentar. Os dois amigos insistiram nos primeiros dias, queriam saber o que acontecia. Fabiano, porém, não disse nada.

Um dia, quando voltavam da escola, Amélia falou toda séria:

– Mamãe não quer mais que eu saia por aí com vocês dois. Disse que estou ficando mocinha e que devo ter modos. Por isso não vou mais sair por aí correndo e brigando.

– Eu também não vou ter muito tempo para brincar por aí – falou Mauro. – Vou entrar no time de futebol e vou treinar todas as tardes após a aula. Pela manhã irei ajudar meu pai. Você não quer entrar no meu time, Fabiano? Vamos treinar legal!

– Não sei, vou pensar – respondeu o garoto.

Mauro não insistiu, sabia que Fabiano jogava muito mal. O amigo era fraco e não agüentava correr muito.

– Mas você vai nos ver e torcer, não vai? – perguntou Mauro.

– Claro!

– Fabiano, você está triste? Está falando tão pouco! – exclamou Amélia. – O que acontece com você? Poderemos ajudá-lo se nos disser.

– Não tenho nada – respondeu Fabiano. – Não se preocupem.

– Não liga para ela, Fabiano – falou Mauro. – Meninas são assim mesmo, como não se preocupam com nada sério, acham que os homens também não o fazem.

– Mauro! – exclamou Amélia na ofensiva.

– Vocês, mulheres, são cabeças-de-vento! – falou Mauro rindo.

– Ora – disse Amélia ofendida –, vou-me embora, senão terei de desobedecer à minha mãe e bater em você.

Saiu furiosa. Mauro deu uma gargalhada. A menina afastou-se e Mauro parou de rir e comentou:

– Fabiano, será que isso é pra valer? Será que a Amélia vai adquirir esses tais modos de mocinha?

– Acho que a gente está crescendo, Mauro. A infância passa...

– Que chato!

Já não ficavam tanto tempo juntos, porém continuavam amigos, muito amigos. Amélia estava tentando ter modos de mocinha, mas ainda tinha suas recaídas e sempre que se julgava ofendida dava com gosto bons tabefes em Mauro. Ele adorava mexer com ela, mas estava entusiasmado com seu time de futebol e treinava com vontade. Fabiano começou a preocupar a família. Estava cada vez mais inquieto, angustiado, não dormia direito, esforçava-se para ser agradável com as pessoas. Ele estava sendo obsediado por Pedro.

Quando os meninos passeavam pelas ruínas e viram Lázaro, não se assustaram, porque o ambiente, a antiga casa, lhes era conhecido por causa de suas existências passadas. Era como se ali fosse a casa deles. Quando temos a sensação de posse de alguma coisa ou local nos sentimos seguros e qualquer pessoa que ali venha a nos abordar será como um intruso, podemos nos impor com superioridade. Mauro, o líder dos meninos, era corajoso e tratava os desencarnados de igual para igual. Sua confiança envolvia os outros dois. Tudo o que é visto, sentido com naturalidade, torna-se normal, pelo menos para os que assim vêem ou sentem. O problema com Lázaro estava resolvido, ele aceitou a ajuda e estava bem no Posto de Socorro. Porém, restou Pedro, que estava prejudicando Fabiano pelo processo da obsessão.

O perigo de se envolver com desencarnados sem conhecimento é este: um deles pode ficar perto do encarnado. Foi uma imprudência dos meninos, uma inocente brincadeira, mas perigosa. Infelizmente muitos têm feito essas brincadeiras. O intercâmbio entre encarnados e desencarnados é algo sério. Não se deve brincar com este fato, invocar espíritos para responder a perguntas banais usando pêndulos, copos e outros objetos. Os desencarnados que se sujeitam a essas brincadeiras podem ser como Lázaro, alguns familiares, ou como Pedro e até piores. E as respostas que dão são normalmente incertas, salvo rara exceção em que os espíritos conhecem os invocadores envolvidos na brincadeira. Na maioria das vezes, esses espíritos também brincam e se divertem fazendo de bobos os encarnados. Mas há os que, por responder, julgam que lhes devem algo por isto e, o que é pior, cobram. São espíritos que, gostando das pessoas, ou de uma delas, ou do local, resolvem ficar por perto, começando assim dolorosas obsessões. E os mais prejudicados são os sensitivos do grupo. Os três garotos reencarnaram com corpo para serem médiuns. Só que eram jovens e o trabalho com a mediunidade deve ser feito na fase adulta, quando o físico está desenvolvido e são mais conscientes do que estão fazendo.

Pedro não ficou com Amélia porque ela orava muito. A oração a fazia sentir-se auto-suficiente. Portanto não tinha dependência. Não havia abertura para o espírito com más intenções aproximar-se dela. A oração sincera, com fé, faz com que nos aproximemos de Deus, que é pleno. Quando a criatura ora sabendo disso, sente-se plena e capaz. Não existindo vácuo de medo ou de dependência, não há abertura para nenhuma energia negativa, seja de encarnados seja de desencarnados. Nada de ruim a atingirá.

Mauro não tinha medo e enfrentaria Pedro como igual. Ele não dava abertura, reagiria a qualquer influência. Questionava tudo e sempre procurava resolver tudo o que o incomodava, procurava ajuda quando em dificuldades e tentava aprender a resolver seus problemas.

Restou Fabiano. Ele tinha tanto medo que fazia abaixar sua vibração e afinar-se com a de Pedro, que era dependente do desejo de posse. Quem é dependente sempre tem medo de não ter o objeto que julga dar-lhe auto-suficiência. Afinou-se com Fabiano porque os dois tinham medo. Pedro temia não conseguir o talismã que julgava que lhe daria fortuna, e o garoto tinha medo do desconhecido. Quando conhecemos e compreendemos um fato, não temos mais motivos para temores – principalmente da mediunidade, que é normal, está na natureza da vida e deve ser vista, entendida com naturalidade. Quando isso acontece, não há motivos para ter medo. Pedro ficou com Fabiano porque podia dominá-lo melhor e também porque veremos no decorrer da história que o garoto sabia, na sua encarnação anterior, onde estava o objeto do seu desejo: o talismã.

Os pais de Fabiano começaram a se preocupar com ele, insistiram para que contasse o que estava acontecendo. O imprudente garoto, porém, nada falou. Um assunto como este não deve ser escondido, deve-se procurar ajuda o mais rápido possível. Fabiano já tinha ido uma vez em busca do auxílio do senhor Mário, por que não voltava? Simples: por uma chantagem. Pedro por muitas vezes lhe aparecia. Fabiano tinha horror em vê-lo e ele, sabendo que isto o incomodava, deliciava-se e só se tornava visível quando este estava só. Na maioria das vezes, este intercâmbio era só auditivo. Ele falava muito ao garoto:

– "Fabiano! Evandro! Lembre logo onde escondeu o meu talismã. Quando você o achar, irei embora. E, se você falar sobre mim a alguém, vou tentar Amélia. Vou atormentá-la tanto que a deixarei louca. Não fale! Sabe que o vigio. Mato sua amiguinha!"

Fabiano gostava muito de Amélia. Sentia que ela fora importante para ele no passado e deveria protegê-la, poupá-la de Pedro. Começou a se esforçar para lembrar-se do passado e recordou algumas partes, mas nada do talismã. Por mais que se esforçasse, não se recordava onde o escondera. Pedro estava cada vez mais impaciente.

– "Não faça mais nada. Quero-o o tempo todo pensando até que se recorde!" – dizia de modo maldoso.

Um dia, o garoto inquieto e angustiado andou pela cidade atrás de algum talismã. Numa pequena loja, viu muitos pés de coelho dependurados.

– Senhor José, isso são talismãs? – perguntou. – Dão sorte?

– Dizem que são talismãs – respondeu o interpelado. – Se dão sorte, pelo menos não deram aos coelhos.

– "Estes não, idiota!" – falou Pedro ao seu ouvido. – "Quero o meu! É único! Diferente! Não adianta me enganar com outro."

"Resta, então, recordar", pensou Fabiano. "Mas como? Não consigo."

Os três amigos estavam se encontrando bem menos. Amélia agora ficava mais com as meninas e Mauro estava cada vez mais entusiasmado com o futebol. A tristeza de Fabiano incomodava Mauro e Amélia, que concluíram que o amigo estava doente.

Fabiano não conseguia mais estudar; se abria um livro, lá vinha Pedro.

– "Recorde! Recorde! Quero meu talismã!"

E Fabiano começou a tirar notas baixas. Nem todos os alunos que tiram notas baixas estão sendo obsediados. Estudar é gosto. É algo que se deve fazer para conhecer. Ter conhecimentos nos ajuda. Todos – criança, adolescente ou até adulto – que mudam de atitudes de forma negativa devem ser indagados sobre o que está acontecendo. Se essas atitudes são para pior, devem ser analisadas e, conseqüentemente, é preciso ajudá-los.

Às vezes, Pedro parecia mais gentil.

– "Fabiano, Evandro, pense bem, você era o filho de Leonel. Ele lhe deu o talismã para que o escondesse. Era um objeto de ouro, pequeno assim (mostrava com a mão que o objeto deveria ter uns dez centímetros). Você pegou e escondeu. É só achar e me dar, daí prometo que irei embora."

Outras vezes, estava inquieto.

– "Fabiano, não me enrole, você não pode comigo. Lembre logo, senão mato sua mãe, seu pai. Sufoco você. Menino inútil! Peste!"

Fabiano chorava e por vezes lhe pedia:

– Calma, Pedro, daria mil vezes este maldito objeto se o tivesse. Não recordo, não consigo! Tenha pena de mim!

– "Pena" – respondia Pedro – "até que tenho. Mas quero meu talismã! Já matei por ele e mato de novo!"

A vida dos outros dois, Mauro e Amélia, transcorria normal. Dificilmente eles se lembravam das ruínas ou de Lázaro. Mas Mauro continuou a ver desencarnados.

Um dia, pela manhã, Mauro passou perto da casa de uma senhora que nesse momento estava sentada num banco no pequeno jardim em frente do seu lar. A senhora chorava entristecida. O menino ia passar reto, porém viu um desencarnado que chorava a seu lado. Parou curioso. Dirigiu-se à mulher.

– Por que a senhora está chorando, dona Dalva?

– Estou muito triste, sinto-me só e aborrecida. Parece que nada dá certo. Sinto dores, ora no peito, ora na perna.

– A senhora se sente só? – perguntou o menino estranhando. – Mas a senhora tem tantos filhos!

– Estou cansada! – respondeu a mulher, que voltou a chorar.

Mauro olhou bem para o desencarnado. Este lhe pareceu estar desanimado, triste e com dores. Fixou-se bem nele e pensou forte:

– E o senhor, quem é?

– “Sou o irmão dela” – falou o senhor e Mauro escutou.

– Venha comigo, por favor, vou lhe apresentar a um senhor muito bom que o ajudará. Venha!

O desencarnado levantou-se com dificuldade e seguiu o menino. Mauro desviou-se de seu trajeto e rumou para a casa do senhor Mário. Bateu na porta e gritou por ele. Quando o viu, Mauro falou rápido:

– Senhor Mário, encontrei este desencarnado perto da dona Dalva. O coitado está infeliz e parece estar infelicitando a pobre mulher. Acho que ele está tão perdido quanto Lázaro estava. Assim, trouxe-o para o senhor dar um jeito nele, isto é, para que o ajude também. Desculpe-me, mas não sei ajudar... – Virou para o desencarnado, que continuava perto dele, e disse: – Este é o homem bom que irá ajudá-lo, pode entrar.

O desencarnado, como que atraído pelo lugar, entrou rápido. Mauro sorriu para o bondoso homem e agradeceu:

– Obrigadão!

O senhor Mário acabou achando graça, entrou, orou pela visita e pediu que seus amigos espirituais viessem ajudar e orientar esse irmão.

Após a aula, Mauro chamou os dois amigos para conversar em particular e contou-lhes a aventura.

– Vocês precisavam ver ou sentir como é ruim a angústia dos desencarnados que sofrem. Quando ele me acompanhou, colocou a mão no meu ombro. Evitei até de pensar, porque achei que ia ler meus pensamentos.

Nem todos os espíritos sabem ler pensamentos. Para isso, é necessário ter conhecimento, que tanto pode ser de bons ou de maus. Esse espírito sofria sem entender seu estado de desencarnado. Ele escutou os pensamentos de Mauro porque este se dirigiu a ele e foi como se falasse. Espíritos assim escutam conversas e pensamentos só quando dirigidos a eles. Mauro o convidou e o aceitou por momentos. Desde que o viu, pensou em levá-lo até o senhor Mário para ser socorrido. Aceitando-o, o menino doou suas energias e sentiu também seus fluidos.

Os três ficaram quietos uns instantes e Mauro falou:

– Não sei o que vocês farão, mas eu vou aprender a ajudar essas pessoas que morrem e não têm rumo. Quero aprender a auxiliá-los. Tenho curiosidade de saber como os desencarnados vivem. Vejo-os e não posso empurrar todos os que encontro para o senhor Mário. O certo é que eu os vejo e quero ajudá-los. Vocês que também vêem deveriam aprender comigo.

Amélia e Fabiano não responderam. Novo silêncio. Fabiano então indagou:

– Mauro, o que você faria se alguém o chantageasse?

– Quebraria a cara do sujeito – respondeu o menino. – Não gosto de chantagem e muito menos de chantagista. Quem faz chantagem não tem caráter, não merece respeito, e quem é chantageado é um covarde. Por quê? Alguém o está chantageando? Fale que resolvo isso para você. Acerto-o e já!

– Não, é que eu estava só pensando... – respondeu Fabiano.

– Fabiano – falou Amélia –, tenho achado você triste e aborrecido. Gostaria muito de ajudá-lo. Que acontece com você? Nem sorri mais.

– Nada, nada... – falou Fabiano depressa.

– Fabiano – disse Mauro –, não aceite ajuda de meninas, elas não servem para nada, só nos chateiam...

– Mauro! – gritou Amélia armando a mão.

– Não briguem! – exclamou Fabiano.

– É melhor mesmo – falou Mauro. – Vamos resolver seu problema. O que o está preocupando, Fabiano?

– E se quem o chantagear disser que matará uma pessoa de quem você gosta? – perguntou Fabiano.

– Xi, é sério mesmo – falou Amélia.

– Nem tanto – falou Mauro. – Pensa que é fácil sair matando assim? Para que tem polícia? E nossos pais, para que servem? Para nos proteger. Se existem pessoas más, há também muitas boas e acredito mais nas boas. Sou valente, sou forte, mas quando percebo que não vou dar conta de resolver algo, não me envergonho de pedir ajuda. Não sou orgulhoso. Não viram o que fiz com o desencarnado que encontrei? Levei-o para o senhor Mário, porque não saberia o que fazer com ele. Acho que ser inteligente é isso, tentar aprender para fazer. E, quando não se sabe, procurar quem sabe. Fabiano, sou forte e darei com prazer uns bons murros em quem está mexendo com você.

– Também quero ajudar – falou Amélia. – Se bato no Mauro, posso surrar qualquer um.

– Não é bem assim – disse Mauro. – Eu não bato em você porque não quero.

– É, quer ver...

Após uns tapas, Mauro correu e Amélia foi atrás. Esqueceram de Fabiano, que desta vez não os acompanhou.

– "Não vá procurar ajuda desse senhor, senão você já sabe, pego a menina!"

Fabiano escutou Pedro, mas desta vez sentiu que ele estava receoso.

"Sou um covarde!", pensou Fabiano. "Se pra tudo tem um jeito, para chantagem também tem. Não devo ser tão medroso! Vou acabar louco com esse Pedro me atormentando. Se pelo menos lembrasse onde pus esse maldito objeto. Daria a ele na hora, não iria querer uma coisa tão ruim!"

– "Não vá! Não quero!" – insistiu Pedro, irritado. – "Também não quero que converse mais com esses dois. Não quero! E não vá!"

– Não quer que eu converse com meus dois amigos? Ah, isso não! Você não pode mandar em mim assim! Será que você pode com a Amélia? Com o Mauro? Estou achando que não.

Levantou-se e dirigiu-se rápido à casa do senhor Mário. Pedro tentou de tudo, ameaçou, xingou, tentando impedi-lo, mas Fabiano resolveu e foi.

Sempre que acontece assim, há um vencedor, e o encarnado deve ser firme e não se deixar dominar, porque o desencarnado sempre faz de tudo para impedir. Contando-se com ajuda, o obsessor sabe que dificilmente vencerá. Os obsessores temem sempre o Espiritismo, principalmente os centros espíritas que seguem os ensinos de Jesus e a orientação de Kardec, porque, se o obsediado aprender o que normalmente ensina a Doutrina Espírita, mudará sua vibração e o obsessor não mais poderá atingi-lo.

Quando Fabiano estava perto da casa do senhor Mário, Pedro afastou-se, ali não era lugar para ir, nem para acompanhar Fabiano.

O garoto bateu à porta e esperou. O homem trabalhava em casa, consertava sapatos e tinha uma bela horta, cultivava verduras e as vendia. O pessoal da cidade ia muito à sua casa comprar verduras ou levar sapatos para consertar.

O senhor Mário abriu a porta, e ao vê-lo Fabiano começou a chorar. O médium abraçou o menino e levou-o para dentro de seu lar, onde se sentaram.

– Que acontece, Fabiano?

– É que estou sendo vítima de uma chantagem – falou o menino, chorando. – Ajude-me a lembrar onde escondi o tal objeto que ele irá embora. Estou com medo que ele mate Amélia, pois disse que o faria se eu viesse aqui.

– Ele quem? – indagou o senhor Mário preocupado, pensando ser um malfeitor encarnado.

– Pedro – respondeu o menino –, o outro desencarnado das ruínas.

O senhor Mário respirou aliviado e tentou tranqüilizar o menino. Já tinha visto Pedro; seria trabalhoso orientá-lo, mas não era caso de se preocupar, os benfeitores ajudariam o garoto.

– Fabiano, desencarnados não podem matar ninguém como ele diz. Os encarnados conseguem sempre ajuda quando pedem. Se ele o atormenta, por que não veio aqui antes?

– Porque ele disse que faria mal a Amélia. Queria dar-lhe o talismã, só que não lembro onde o coloquei.

– Esse objeto é material?

– É um objeto – respondeu Fabiano já se acalmando e parando de chorar.

– Como pode um desencarnado pegar um objeto do mundo físico? Se você lhe der esse objeto, o que Pedro fará com ele?

– Não sei, mas certamente irá me deixar em paz.

– Por que não tentamos convencê-lo a mudar de opinião?

– Mas ele não quer ajuda como Lázaro – respondeu Fabiano.

– Não é por isso que você deve aceitar que ele o atormente. Conte-me tudo, Fabiano!

O garoto sentiu-se bem, ali relaxou e até sentiu sono. Desta vez falou tudo, não escondeu nada.

– Fabiano – disse o senhor Mário, fraternalmente –, você deveria ter me procurado logo. Espíritos assim falam muito. Se o mal existe, o bem também, e é mais forte. Ele não fará nada a Amélia nem a você. Se você sentir que Pedro se aproxima, pense em Jesus e peça ajuda a seu anjo guardião. Vamos orientar Pedro, ele não fará mais mal a você.

O médium deu um passe em Fabiano tirando-lhe as energias negativas que Pedro projetara nele e doou fluidos benéficos que o fizeram se sentir bem, fato que não ocorria havia muito. Já fazia cinco meses que Pedro estava com ele, obsediando-o.

Fabiano foi para casa, logo depois sentiu medo. Mas não sentiu Pedro por perto. Anoiteceu, estava com sono, mas como estava ocorrendo ultimamente tinha medo de se deitar, só o fazia quando todos da casa já o tinham feito. Quando todos foram dormir, Fabiano foi também, orou como o senhor Mário lhe recomendou e, de repente, surge Pedro que ia lhe falar, mas Fabiano não deixou, pôs-se a falar baixinho sem parar:

"Senhor Mário! Me ajude, Jesus! Socorra-me, meu anjo da guarda! Senhor Mário!"

Pedro sumiu e o menino sentiu uma luz envolvê-lo. Tranqüilo, dormiu.

O senhor Mário pediu para que seus companheiros espirituais ficassem com os meninos, principalmente com Fabiano e o protegessem de Pedro. Também iriam tentar ajudar esse espírito que havia tanto tempo vagava à procura de algo que nem poderia sequer assumir.

Fabiano por sua vez passou a orar mais e, assim que sentia Pedro por perto, pensava no senhor Mário, e um espírito bom, trabalhador do centro espírita, ficava mais a seu lado, impedindo Pedro de se aproximar. Dois dias depois, Fabiano foi agradecer ao senhor Mário.

– Fabiano – elucidou o senhor espírita –, ainda não convencemos Pedro a ir embora. Cuide-se, ore e venha aqui para que lhe aplique o passe reconfortador.

– Meus pais iam me levar ao médico. Mas, agora, acho que não preciso mais.

Orientado por um amigo desencarnado, o senhor Mário respondeu:

– Deve ir, sim, você está doente e precisa de medicamentos. Sua doença não tem nada a ver com este fato, porém a presença de Pedro a seu lado o enfraqueceu. Deve ir e se cuidar.

Fabiano foi com os pais ao médico, que, ao auscultá-lo, percebeu logo que o menino era portador de uma séria doença no coração. Receitou remédios, recomendou-lhe que tivesse muito cuidado e proibiu-lhe exercícios físicos. A pedido do clínico, Fabiano esperou na outra sala enquanto os pais conversavam com o médico. Quando saíram, a mãe se esforçava para não chorar. O menino a consolou:

– Mamãe, eu já sabia que estava doente e que tinha de tomar remédios. Não se preocupe. Para tudo tem jeito.

– Meu filho! – exclamou e as lágrimas correram.

"Tudo tem jeito", pensou Fabiano. "Dizem que é só para a morte que não tem. Mas continuamos vivos depois dela. Então tem jeito para a morte também. Não me importo com esta doença, ainda mais agora que estou livre de Pedro. Ainda bem que não tem injeções para tomar."

E foi embora tranqüilo.

cinco

A História de Pedro

Com os desencarnados bons perto dos meninos, Pedro não pôde aproximar-se e voltou para as ruínas revoltado e irado. Os amigos do senhor Mário, os socorristas, vigiavam-no e no dia em que se reuniram para um trabalho de desobsessão buscaram-no e o levaram para uma incorporação. Como Lázaro, Pedro também foi sem saber de que forma. O senhor Mário, como orientador da casa, tentou conversar com ele, mas Pedro estava endurecido. Não soube responder o que iria fazer com o talismã. Não aceitou a ajuda oferecida e voltou às ruínas. Ficou, porém, pensando no que ouviu e pôs-se a matutar: "Onde guardarei o talismã? O que farei com ele? E se algum encarnado o pegar?"

Ficou aflito à espera de que viessem buscá-lo para conversar com o grupo novamente. Na reunião seguinte, foram buscá-lo e, assim que incorporou, fez as perguntas que o encabulavam.

– Não sei lhe responder – disse-lhe o dirigente. – Não sei o que você poderá fazer com o talismã. Você, não tendo o corpo físico, não pode possuir algo material. Não está na hora de você procurar outro tesouro? O conhecimento da vida espiritual?

– Ele me deixará rico? – indagou Pedro.

– Riquezas materiais são para o período de encarnado. Para sermos felizes verdadeiramente, precisamos de outras coisas, como ter paz e harmonia, gostar de onde estamos, seja vivendo como encarnados seja desencarnados, e ter amigos verdadeiros.

– É...

Dialogaram mais e ele recusou, novamente, a ajuda oferecida. Voltou às ruínas, só que pensou muito no que escutou, nos conselhos, nas orações e na leitura do *Evangelho*. Pedro agora não era levado às reuniões, era convidado e ia, gostava de conversar com o grupo. Contou sua história aos poucos.

– Nasci no seio de uma família importante, não estudei nem trabalhei. Meus irmãos, oito, implicavam comigo, mas eu não dava atenção às suas reclamações. Eles trabalhavam muito, casaram jovens e eu vivia à custa de meu pai. Também não pensava em casar; só o faria se desse um grande golpe do baú. Gostava de viajar, de festas, de jogos e de todos os prazeres carnais. Meu pai morreu, repartiu-se a fortuna. Vendi a minha parte da herança aos meus irmãos fazendo assim minha parte em dinheiro e viajei para a Europa. Gostava muito do Velho Continente. Lá, sim, é que se podia viver bem. Gastei rápido meu dinheiro e passei a viver de favores de amigos. Foi na Europa que pela primeira vez me interessei por uma mulher. Ela era parecida comigo, ambiciosa, cruel e amante dos prazeres. A seu modo me amava, mas amava muito mais a riqueza, queria a vida fácil que o dinheiro proporcionava. Casou-se com um velho rico. Não a condenei, pois na minha opinião ela estava certa. Resolvi voltar ao Brasil, rever meus familiares e extorquir dinheiro deles. Não fui bem recebido, entendi que meus irmãos não me dariam nada, porque também nenhum deles estava rico. Viviam bem, tinham muitos filhos e não confiavam em mim. Só um sobrinho, o Leonel, estava muito bem financeiramente. Resolvi visitá-lo; ele e a esposa me receberam friamente mas me trataram educadamente. Fingi que não percebi a indiferença deles e tentei ser agradável. Dias depois, Leonel deu uma festa em sua casa, que encheu de hóspedes. Aí descobri, foi o Leonel mesmo quem contou, o porquê de ele ter enriquecido rápido e fácil. É que ele tinha um talismã. Era uma peça de ouro muito bonita que lhe trouxera sorte e fortuna. Mostrou aos hóspedes e disse a todos que para o talismã trazer sorte teria de ser roubado.

Resolvi ficar mais tempo com meu sobrinho, não para extorquir dinheiro, mas para roubar o talismã. De posse desse objeto, voltaria para a Europa e adquiriria fortuna negociando com meus amigos ricos. Daria um jeito de tornar viúva a minha amada e viveríamos felizes e ricos entre os nobres da Europa. Isso se tornou uma idéia fixa. Mas um outro sobrinho meu, José Venâncio, irmão do Leonel, pensava do mesmo modo que eu. Procurei ser o mais discreto possível, não dava trabalho, comportava-me educadamente, até fazia alguns trabalhos para o Leonel e observava tudo. Meu sobrinho, o dono do talismã, escondia bem o objeto e ninguém sabia onde estava guardado.

Como observava tudo, logo descobri o interesse de José Venâncio tanto pelo talismã quanto pela esposa do irmão, Verônica. Os dois passaram a se encontrar às escondidas e tornaram-se amantes.

Aproveitei o amor dos dois para desestruturar a família e dei um jeito de o Leonel descobrir a traição. Achei que se meu sobrinho Leonel encontrasse sua esposa que tanto amava com o irmão querido, ele ia se perturbar e então seria mais fácil roubar o objeto do meu desejo.

Acabou surgindo a oportunidade. Eu soube durante o café da manhã que Leonel ia à cidade e concluí que os dois amantes iriam se encontrar. Esperei que saísse e logo depois fui atrás dele. Ele tinha ido a cavalo, estava feliz e distraído. Galopei, fiz cara de preocupado e lhe disse:

– Leonel, volte, Verônica está passando mal, ela me pediu para avisá-lo e que retornasse.

Ele voltou rápido, galopou com seu cavalo e eu fiquei para trás, confiando na sorte. Quando cheguei à casa deles,

Leonel havia acabado de matar seu irmão José Venâncio. Verônica chorava copiosamente. Um negro, ex-escravo da casa, amigo da família, foi quem tomou as providências. Disse a todos que José Venâncio se ferira acidentalmente. Naquele tempo, era fácil ocultar escândalos. As famílias de posses diziam o que queriam e ninguém contestava. Tudo ocorreu conforme o negro planejou. Ninguém comentou ou falou da traição de Verônica. Concluí que os dois lutaram e Leonel saiu-se melhor.

O ambiente da casa tornou-se fúnebre. Um horror. Leonel passou a dormir em outro quarto, tornou-se triste e abatido. Verônica parecia uma morta e viva, só chorava pela casa. Evandro, o filho deles, menino ainda, nada entendia e era o único que parecia ter paz naquele lar.

Eu não agüentava mais ficar naquela casa. Aproximei-me mais do meu sobrinho Leonel e tentei confortá-lo. Parecia adivinhar minha intenção, mas não falou nada. Um dia, em que estávamos a sós no seu quarto, perguntei-lhe:

– Leonel, meu sobrinho, o que você fez com o talismã? Onde guarda tão precioso tesouro?

– Dentro desta caixa trancada – respondeu-me rápido.

Olhou-me, achei que ele falou sem perceber, porque disse logo depois:

– O senhor está querendo roubá-lo?

Levantou-se nervoso da cadeira em que estava sentado, me olhou fixamente. Resolvi que teria de ser naquele momento ou nunca mais. Leonel certamente me expulsaria de seu lar. Saquei de uma faca, que sempre tinha comigo, e a enfiei no abdômen dele. Friamente deixei-o ali, caído. Agindo com rapidez, peguei a caixa e saí correndo para meu quarto. Lá, peguei minha bolsa com o pouco dinheiro que tinha, fui à estrebaria, selei rápido um cavalo veloz e fugi. Quando saía, escutei gritos.

– O sinhô Leonel foi ferido! Acudam! Corram!

Fiquei com medo de que me perseguissem e prendessem e só pensei em fugir. Galopei até a cidade e de lá rumei para outra sem parar um instante. Nessa cidade, vendi o cavalo e paguei para poder viajar de carroça até uma outra cidade marítima. Guardei a caixa na minha bolsa, sem abri-la. Durante a cavalgada, não parei e ali na carroça estava com mais pessoas e não queria que vissem a caixa nem o talismã.

Cheguei e fui direto ao porto e, por sorte ou azar, naquele momento achei que era muita sorte, um navio ia partir dentro de poucas horas. Era um navio velho, de carga. Paguei o que me pediram e embarquei. Só quando o navio estava navegando foi que me tranqüilizei. Ninguém agora poderia me deter. Só me arrependi de uma coisa: não ter planejado e roubado, ao fugir, todo o dinheiro do Leonel. Cansado e com muito sono, pois não dormira durante toda a fuga, deitei-me em cima de minha preciosa bolsa e adormeci. Acordei muitas horas depois e, após me alimentar, resolvi abrir a caixa. Estava trancada, tive de abri-la com a mesma faca com que ferira meu sobrinho. Dentro achei só um papel. Desdobrei-o aflito, li e reli muitas vezes:

"O talismã não está aqui. Procure-o em outra parte."

A letra era de Leonel. Ele tinha percebido que eu e José Venâncio estávamos à procura do talismã e resolvera nos pregar uma peça. Espatifei a caixa e não havia nada realmente do talismã. Se ódio matasse, morreria naquele momento. O ódio mata sim, só que lentamente.

Vamos fazer um intervalo na narração de Pedro. Ele também não relatou tudo de uma só vez, falou aos poucos nas reuniões do senhor Mário em que passou a ir com freqüência. Ouvimos muito expressões mais ou menos assim: "Ah, se ódio matasse, estaria morto ou mataria pela vontade determinada pessoa". Mas a maioria das pessoas que as pronuncia não sabe que o ódio pode de fato matar. O sentimento negativo do ódio é muito forte, gera uma quantidade enorme de fluidos pesados, ruins e destrutivos e que podem ser enviados à pessoa que se odeia. Esta, se estiver vibrando em sintonia elevada, boa, não os receberá. Mas se estiver na mesma sintonia, na mesma faixa vibratória, pode receber a carga negativa, que muito a prejudicará, ainda mais se tiver errado e prejudicado realmente aquele que a odeia. O rancor do outro a envolve e, muitas vezes, faz com que se sinta pior ainda, passando a sentir a angústia e os fluidos daquele que os envia. Só que esses fluidos podem ser repelidos, mas, quase sempre, quem deve recebe. E quem gera essa energia negativa, odiando, diz que se o ódio matasse estaria morto, é só questão de tempo. Quem odeia se envolve numa energia destrutiva e pesada, que enfraquece o físico, tornando-se predisposto a muitas doenças que muitas vezes o fazem desencarnar antes do tempo previsto. Atitudes impensadas podem ocasionar a desencarnação precoce. Temos visto, porém, pessoas dizerem essa frase só por dizer. Lógico que, não sentida em profundidade, não ocasiona mal. São expressões infelizes, que se pronunciam imprudentemente, mas mesmo assim fazem mal a quem as pronuncia, abaixam suas vibrações e elas ficam por determinado período sujeitas a receber fluidos negativos do ambiente ou de outras pessoas.

Pedro, que já estava, por causa de seus atos, com uma enorme vibração ruim, piorou ainda mais com seu ódio e enviou ao sobrinho suas energias negativas, que as recebeu, mas não por se sentir devedor em relação ao tio. Leonel fora bondoso com o tio, recebera-o em seu lar quando não tinha para onde ir, sustentara-o e acabou sendo ferido por ele. Só que Leonel se sentiu culpado, e o era sem dúvida, pelo assassinato do irmão. Se assim não fosse, não receberia os fluidos do tio.

Mas, voltemos à história de Pedro.

– Cheguei a falar com o comandante do navio que queria voltar. Ele riu.

– Ora, quer que voltemos? Está louco! O que posso fazer é, se encontrarmos algum navio rumo ao Brasil, pedir para levá-lo de volta. Só que não lhe devolvo o dinheiro que me pagou e o senhor deverá pagar caro o retorno.

Pensei melhor e concluí: Que ia fazer no Brasil? Minha família já devia saber que eu tinha matado Leonel, ninguém me abrigaria. Se não gostavam de mim, agora me detestariam. Não poderia voltar ao lar de Leonel, eles me prenderiam. Perdera o talismã que me faria rico e estava com pouco dinheiro. Resolvi ir para a Europa e tentar viver à custa da minha amada e pensar como poderia extorquir dinheiro dos conhecidos, talvez fazendo algumas chantagens. Fiz muitos planos, e a viagem transcorria calma. Lembrava-me do talismã e odiava ter caído no golpe baixo de Leonel, por ter sido enganado como um amador.

Um dia, acordei doente, chamei pelo comandante que, após me examinar, mandou que me levassem para um compartimento com outros cinco enfermos, todos com peste. Foi uma agonia, morremos à míngua. O resto da tripulação tinha medo de se contagiar. Tinha muita febre que me fazia delirar, via então o talismã e gritava por ele, queria possuí-lo. Morri. Senti que alguém me puxava do meu corpo porque iam jogá-lo ao mar. Senti-me ser dois por momentos e vi que jogaram meu corpo ao mar e fiquei ali, sabendo que estava morto, mas vivo e muito perturbado. Duas pessoas – mais tarde eu soube que eram espíritos bons – desligaram-me do corpo morto, tentaram falar comigo, não lhes dei atenção, não me interessei pelo que falavam. Fiquei pelo navio, chegamos à Europa, o navio atracou. Desci com dificuldades e rumei para a casa de minha amada, sentia-me fraco e doente. Que decepção, descobri que ela era pior que eu pensava, uma vadia, tinha muitos amantes e nem se lembrava de mim. Ali, na casa dela, conheci um outro desencarnado que me explicou como sobreviver melhor sem o corpo físico, ensinou-me a vampirizar, roubar energia alheia e tirar proveito de muitas situações entre os encarnados. Queria voltar ao Brasil e pegar o talismã; achei que desencarnado seria mais fácil, pois ninguém me veria. Pedi a esse espírito para me trazer ao Brasil, pedi-lhe este favor, mas por isso tive de servi-lo por anos, trabalhar para ele, ou melhor, fazer alguns favores. Atendi-o e, no prazo combinado, ele pegou minha mão e voamos rápido. Fui deixado na casa abandonada que caía aos pedaços.

Novamente, para algumas explicações, façamos uma pausa no depoimento de Pedro. O desencarnado que Pedro encontrou era provavelmente um espírito mau, aproveitador e com alguns conhecimentos. É normal entre esses desencarnados a troca de favores. Pedro diz que trabalhou. Infelizmente, trabalha-se também para o mal. Fez pequenas maldades para o outro, vigiou alguns encarnados e agiu como informante. Esses trabalhos são muito variados, podem ser: obsediar, prender outros desencarnados, vigiá-los e torturá-los. Ao trazer Pedro para o Brasil, para as ruínas, fê-lo volitando. Conhecer a maneira de volitar e saber elaborar esse processo, muitos espíritos o sabem, e até curiosos e trevosos têm conhecimento de como fazê-lo.

Pedro prossegue contando seu drama:

– Não vi ninguém na casa, nem encarnados nem desencarnados. Achando que o talismã estava ali, pus-me a procurá-lo. Aceitei a companhia de Lázaro para não ficar sozinho. Quando os três meninos foram às ruínas, não me importei, achei-os divertidos. Um dia escutando-os reconheci que eles viveram ali outrora. Fabiano fora Evandro, o filho de Leonel e, para minha surpresa, escutei-o falar que escondeu a pedido de seu pai o talismã. Só que ele não se lembrava do esconderijo e eu tentei fazer com que recordasse.

Pedro deu por encerrada sua história. Desencarnado, ficou por anos atrás da peça material que nem lhe pertencia nem podia possuir. Nada realmente do mundo físico nos pertence. Tudo é emprestado a nós, até o corpo carnal. Pedro ficou preso a algo material. É muito triste desencarnar e continuar iludido com o desejo de possuir algo.

Pedro encabulou-se quando o senhor Mário lhe perguntou:

– Se você achasse o talismã, o que faria com ele? Conseguiria pegá-lo? E se algum encarnado ficasse com ele?

– Eu ficaria perto desse encarnado vigiando o talismã – respondeu Pedro. – Agora estou achando que foi melhor não tê-lo achado. Penso que estava errado.

Naquela reunião, ele chorou, mas voltou às ruínas. Porém, na seguinte, veio sozinho, pediu ajuda em nome de Deus. Foi levado para um Posto de Socorro espiritual e, após um preparo, reencarnou longe dali, com muitas esperanças de um recomeço. Perdera muito tempo atrás de uma ilusão e queria realmente melhorar. O grupo todo alegrou-se com a ajuda dada a Pedro e todos tiraram uma preciosa lição com sua história: a luz da verdade, do bem deve iluminar nosso conhecimento, nossas boas ações, porque são estas que nos acompanham na desencarnação.

Pedro, orientado e já reencarnado, não obsediava mais Fabiano, que passou a dormir e a ter paz. O garoto estava aprendendo a conviver com sua doença, que o privava de muitas coisas. Passou a ir mais vezes ao lar do senhor Mário, e quando se sentiu melhor foi lhe agradecer e ao sair encontrou com Mauro.

– Fabiano, você tem vindo à casa do senhor Mário? Gosta dele?

– Gosto – respondeu o interpelado.

– Também gosto. Você não quer voltar comigo? Quero pedir uma coisa ao senhor Mário.

O dirigente os atendeu e Mauro foi logo ao assunto.

– Quero aprender a ser espírita. Não quero ver desencarnados por aí e não saber o que fazer com eles e ter de trazê-los para cá. O senhor poderia nos ensinar?

O interpelado achou que eles eram muito jovens para trabalhar com a mediunidade. Mas Mauro tinha razão, estava na hora de aprender. Ele tinha filhos, e os outros médiuns também. Poderia reuni-los um dia da semana e tentar explicar-lhes.

– Muito bem, jovens, terça-feira às seis horas podemos nos reunir. Vocês poderão fazer perguntas e eu tentarei responder a contento. Oraremos juntos e leremos o *Evangelho*.

– Combinado! – exclamou Mauro contente.

Assim se formou um grupo de jovens e de algumas crianças que passaram a receber as primeiras elucidações da Doutrina Espírita.

Amélia foi um tanto desconfiada. Após a leitura do *Evangelho* e da explicação dada pelo senhor Mário, acabou sua resistência. Achou que Mauro estava certo, teria de aprender a lidar com suas visões, escutas e premonições, ou melhor, com sua mediunidade. Fez muitas perguntas sobre a reencarnação e, quando a aula acabou, saíram os três amigos contentes, e Amélia concluiu sabiamente:

– A Lei da Reencarnação é a mais justa de que já ouvi falar. Deus é Pai bondoso, se não fosse, eu estaria no inferno sem outra oportunidade. E que oportunidade! Consertar os erros, aprender o que se rejeitou! Tudo o que o senhor Mário falou parece que eu já sabia e tinha esquecido. Entendo agora que sabia mesmo e que recordo. Tudo é muito coerente, quanto mais se raciocina, mais entendemos e cremos.

– E você está só começando! – exclamou Mauro rindo. – Fala como se fosse entendida no assunto.

– Não sou, mas vou ficar! – falou Amélia. – Só tenho medo que meus pais me proíbam de vir a estas aulas.

– Não lhes diga nada. Quando descobrirem, você já terá aprendido o bastante para mostrar que está certa em freqüentar as reuniões – respondeu Mauro. – E você, Fabiano, gostou da aula?

– Gostei muito.

– Ainda bem que não lembro do passado – disse Mauro. – Se a oportunidade da reencarnação nos é dada, é bom que esqueçamos as outras existências. Cada reencarnação é um verdadeiro reinício.

– É verdade – concordou Amélia. – Cada reencarnação, como nos explicou o senhor Mário, é um reinício. Mas recordei algumas coisas.

– Que lhe foram desagradáveis – falou Mauro. – E, como nosso orientador disse, você o fez por ter ido ao local em que viveu e por estar madura para isso, possuir condições para ter recordado. Também, você lembrou só de alguns momentos que muito marcaram essa existência.

Fabiano não falou nada, recordou de muitas passagens de seu passado. Sabia que não devia dar importância a isso. O passado passou e por mais que se queira não o modificaremos. Porém, sentiu que se fosse às ruínas e se tentasse recordaria toda a história do talismã.

Despediu-se dos garotos. Estava de férias e tinha muito tempo livre. Não comentou com os amigos a vontade de ir às ruínas.

No outro dia à tarde, Fabiano foi sozinho ao local que outrora fora uma bela casa, o seu lar, agora em ruínas.

Recordou-se parcialmente do passado. Só depois de desencarnado é que recordou e soube de todos os acontecimentos, como também soube que seu tio José Venâncio, sua mãe Verônica e seu pai Leonel se reconciliaram. Seu pai Leonel reencarnou longe dali e estava bem.

Fabiano foi andando lentamente pelas ruínas, viu com surpresa que o gado pastava normalmente. Sem a presença de Pedro e Lázaro, o local passou a ser para os animais um lugar como outro qualquer.

"Nada os assusta mais", pensou Fabiano.

Sentou-se no chão e tentou ficar confortável. Encostou a cabeça à parede e pôs-se a juntar os pedaços de que já recordava e alguns outros vieram-lhe à mente...

seis

O Estranho Objeto

Assim, eu soube por Fabiano, quando já desencarnado, esta história emocionante que envolveu pessoas comuns com seus sentimentos diversos de paixão, rancor, vaidade e ambição, como também acertos, esperanças e recomeços.

Havíamos marcado, por intermédio de amigos comuns, um encontro para ele me contar a interessante história de um objeto que marcou muitas pessoas. A do talismã. No horário marcado nos encontramos num dos jardins da colônia em que resido. Foi muito agradável nosso encontro. Fabiano é muito simpático. Veio acompanhado de uma amiga que me apresentou todo feliz.

– Antônio Carlos, esta é Lídia, uma companheira muito querida.

Os dois se entreolharam carinhosamente, havia em seus olhares o afeto de almas afins. Fabiano então contou sua interessante história, que ouvi prazerosamente, e Lídia permaneceu em silêncio e por muitas vezes, durante a narrativa, olhou-o com amor. Quando Fabiano terminou, fizemos um breve silêncio e quem o quebrou foi Lídia com sua voz agradável.

– Fabiano e eu temos muitos planos, ficaremos por muitos anos no plano espiritual estudando e trabalhando; depois reencarnaremos para constituir uma família e esperamos confiantes poder ficar sempre unidos.

Agradeci-lhes emocionado pelo relato e pela singela visita. Desejei imensamente que concretizassem seus sonhos. Despedimo-nos como amigos. Fui em seguida registrar o que tinha escutado, e os dois voltaram felizes aos seus afazeres.

Iniciemos a narrativa de *Fabiano*:

– A casa era bonita, meu pai a havia construído recentemente. A mudança foi uma festa. Móveis novos, cortinas, enfeites, todos felizes e conversando muito. Meu pai Leonel estava orgulhoso, e minha mãe Verônica, muito feliz. Sabia que os dois haviam casado por imposição dos pais, mas viviam relativamente bem. Meu pai por muitas vezes comentou que havia querido uma família numerosa, com muitos filhos, porém só tiveram a mim, Evandro. Por complicações após o parto, minha mãe nunca mais havia engravidado. Meu pai era um homem bom e honesto, tinha muitos escravos que eram tratados como empregados e era amigo de todos. Havia até um casal de negros, João e Isabel, que eram livres, pessoas de confiança de meu pai e que moravam conosco na casa.

Tive uma infância feliz, era mimado e meu pai me amava muito. Às vezes, minha mãe reclamava, queria ir a festas e passeios. Por isso, meu pai organizou uma grande festa para mostrar a casa aos amigos e parentes.

A propriedade era grande, uma fazenda enorme e cultivada. Um dia, meu pai foi caçar e uma ave abatida caiu numa encosta, mas os cães se recusaram a ir buscá-la. Ele apeou-se do cavalo e cuidadosamente deslizou pelo terreno inclinado. No local havia pequenas árvores e capim. A área não era grande, era um buraco de uns cem metros de largura por uns quinze metros de profundidade. Procurando a ave abatida, observando bem o chão, achou outra coisa. Como se estivesse deitado sobre uma pedra, estava um esqueleto, uma ossada humana intacta.

"Meu Deus!", exclamou meu pai. "Uma pessoa morreu aqui e faz tempo!"

Pela posição do esqueleto, a pessoa devia ter morrido deitada; estava com os braços cruzados sobre o peito e a cabeça inclinada para trás.

"Acho que morreu dormindo!", concluiu meu pai.

Já ia voltar, não se interessou mais pela caça, quando resolveu verificar melhor o esqueleto. Havia entre os ossos restos de roupa, de tecido barato, e um facão comum usado na lavoura, muito enferrujado.

"Devia ser um pobre qualquer e estava com pouca roupa", observou.

Viu então uma bolsa. Era de couro cru, de um palmo e, pela posição, a pessoa a colocara debaixo do braço esquerdo. Com cuidado e respeito pegou-a.

"Talvez aqui haja uma identificação do falecido."

Abriu-a e dentro só havia um estranho objeto. Meu pai examinou-o bem.

"Uma pepita de ouro! Não, é um pedaço de ouro fundido. Interessante! Mistério! Não há mais nada na bolsa. Como identificar o sujeito? Como devolver isso à família? Talvez deva ficar comigo. Está nas minhas terras e eu o achei. Com sua permissão, senhor cadáver, ficarei com seu ouro."

Colocou o estranho objeto no bolso e subiu a encosta. Porém, deu ordens para que enterrassem o esqueleto e mandou rezar uma missa para a pessoa que ali havia falecido.

Após o jantar, mostrou a mim e à minha mãe o estranho objeto.

– Olhem, achei-o na Garganta Estreita – assim chamávamos o local – junto de um esqueleto.

– Ave Maria – disse mamãe – que fazia lá um esqueleto?

– Não sei, acho que nunca saberei. Devia ser uma pessoa pobre, estava vestida simplesmente e, dentro de uma bolsa comum de couro cru, achei este objeto de ouro. Foi fundido, creio terem sido pequeninas pedras.

– Achou só isto? – indaguei curioso, olhando a peça.

– Só – respondeu meu pai. – Apossei-me dele. Achei justo. Mas mandei enterrar os ossos do sujeito e rezar uma missa para ele. Senti que o defunto me deu seu ouro.

– Não lhe servia para mais nada. Tinha o ouro e morreu – falou mamãe. – Você tem razão, achou e é seu.

Peguei o objeto com curiosidade. Tinha a forma arredondada e de um lado parecia ter a figura de um rosto.

– Pai – disse – veja que interessante, deste lado parece ter sido esculpido um rosto! Será de homem ou mulher?

– É coincidência – esclareceu meu pai. – Foi fundido de forma rudimentar. Acredito que quem fundiu não teve intenção de esculpir nada.

– Parece um medalhão! – exclamou mamãe. – É até bonito! Mas o recuso por ter sido achado junto de um esqueleto.

Às vezes, à noite, minha mãe me fazia ler. Estudava. Um professor da cidadezinha perto vinha me dar aulas duas vezes por semana. Ele ia às fazendas ao redor ensinar os filhos dos fazendeiros. Para que me instruísse melhor, minha mãe ajudava-me nos estudos. Naquela noite, li alto um trecho de um livro de aventuras em que um capitão de um navio possuía um talismã. Meu pai ouviu com minha mãe a leitura, mas não comentou nada.

A festa para a inauguração da nossa casa estava programada, e os convites já tinham sido enviados. Como seriam muitos dias de caça, baile, jogos, muitos convidados ficariam hospedados conosco. Tudo estava sendo organizado por minha mãe.

Mas veio sem ser convidado e uns dias antes da festa um tio do meu pai, tio Pedro, irmão do meu avô. Esse tio era a ovelha-negra da família. Escutei muitas coisas sobre ele: era solteiro, farrista e preguiçoso. Recebeu a fortuna que meu avô deixou, embarcou para a Europa e lá gastou tudo. Agora, de volta, estava à procura de um familiar que o sustentasse. Meus pais o receberam friamente e resolveram deixar que ficasse por uns tempos. Ele me era simpático, me agradava, contava histórias engraçadas. Minha mãe o acomodou num quarto longe de nossos aposentos e ele procurou ser discreto e prestativo.

Os convidados foram chegando. Entre eles, estava meu tio José Venâncio, irmão do meu pai, o único solteiro da família. Tinha uma fazenda perto da nossa, era uma pequena propriedade que não lhe dava muito lucro. Ele era alegre, forte, corajoso, animava qualquer festa, e nos visitava raramente.

Na manhã do primeiro dia de festa, que duraria cinco dias, os homens foram caçar a cavalo. Fui junto. Perto da Garganta Estreita, paramos para trocar idéias. Um de nossos parentes insistiu:

– Como é, Leonel, vai nos contar como ficou rico tão rápido?

Meu pai escutava muito essa pergunta, respondia sempre:

– Com trabalho honesto!

E todos riam. Mas, naquela manhã, respondeu fazendo ar de mistério:

– A vocês, todos meus amigos e parentes, conto o que me aconteceu. Fiquei rico por causa do talismã!

Fez uma pausa, criou-se uma enorme expectativa, todos silenciaram, agruparam-se colocando meu pai no meio da roda. Atentos, esperaram ansiosos meu progenitor falar, ele não se fez de rogado, disse calmamente tirando do bolsinho do colete o estranho objeto.

– Vejam! Aqui está o talismã! Um simples objeto de ouro que tem muitos poderes. Foi ele que me fez ficar rico.

O objeto passou de mão em mão, todos o examinaram bem. Quando voltou às mãos de papai, ele disse:

– Este é o meu talismã! Que me deu sorte e fortuna.

– Onde o conseguiu? – indagou tio Pedro muito interessado.

Olhei para tio Pedro, seus olhos brilharam de cobiça. No momento, tive uma sensação desagradável. Meu pai respondeu:

– Não sei ao certo a sua origem. Creio que foi feito por um grande alquimista. Ele dá poderes a quem o possui, só que tem de ser roubado.

– Roubado?! – exclamaram juntos muitos do grupo.

– Sim! – confirmou meu pai. – Roubado!

– Então o roubou? – perguntou um outro tio espantado. – Você é ladrão?

– Bem... não é bem assim...

Meu pai tentou se justificar, achando que fora longe demais na sua brincadeira, mas, para não se desmentir e divertindo-se com a história inventada, sorriu e completou:

– Quando pegamos algo sem que o dono não o dê a nós, pode-se dizer que estamos em posse de algo que foi mal adquirido, portanto, roubado. Peguei-o de uma pessoa que não me deu. E, por favor, não me perguntem mais nada. Não posso falar mais do que isso.

Guardou o objeto que a partir daquele momento passou a ser um talismã, por imprudência e brincadeira inocente de meu pai. Voltaram à caça. Os convidados esqueceram logo o assunto; muitos compreenderam ter sido brincadeira de meu pai, mas tio Pedro e tio José Venâncio não. Interessaram-se em demasia pelo objeto, pelo talismã, que teria de ser roubado para dar a tal sorte.

Meu pai teve de deixar o grupo antes do término da caçada para verificar os trabalhos na casa, desejando aos amigos boa sorte. Voltou, acompanhei-o. Estando só nós dois, comentei com ele:

– Papai, por que o senhor inventou aquela história do talismã?

– Para animar o grupo – respondeu rindo.– Viu, filho, como se engana fácil? Por mais que eu diga que minha fortuna vem do meu trabalho honesto, eles duvidam. Evandro, tenho trabalhado muito e sou grato a Deus por tudo ter dado certo. Recebi do meu pai uma fazenda pequena e do meu sogro um bom gado. Negociei e tenho negociado e só amplio o que recebi. Depois não menti muito. Não ganhei o objeto, achei, e o dono estava morto e não ouvi dele que me dava. Acho mesmo que, se ele pudesse, não me daria. Ouro é ouro, fonte de muitas cobiças. Chamei-o de talismã pela leitura que ouvi, a que você fez uma noite atrás. Lembra-se? Achei interessante. Esta história que contei sobre o talismã será só mais uma dentre tantas que se contarão neste encontro. É sempre assim; quando amigos e parentes se encontram, fala-se muito. É bom que tenham histórias interessantes para contar, pois assim falarão menos da vida alheia.

Riu prazerosamente. Não sei bem o porquê, mas não consegui rir. Não gostei da mentira, da brincadeira. Admirava e amava muito meu pai, era uma pessoa boa e inteligente. Na nossa fazenda, nunca houve castigos, os escravos eram bem alimentados, sadios e gostavam do meu pai. Ele era hábil nos negócios e muito trabalhador, foi por isso que multiplicou seus bens. Aquele objeto estranho, o talismã, ele só havia achado fazia pouco tempo. E não tinha sido a causa de nada. Esqueci logo aquela história. Estavam presentes primos da minha idade e nos divertimos muito.

Os dias de festa foram perfeitos, tudo correu em harmonia, e minha mãe ficou radiante. Por um tempo, só se falava na festa. Tio Pedro não foi embora, e meu pai, como ele não estava incomodando nem pedindo dinheiro, deixou que ficasse. Tio José Venâncio passou a vir à nossa casa, saía a passeios com mamãe, jogava diversos jogos com ela, conversavam e riam muito. Mamãe passou a ficar mais alegre, comunicativa e a se arrumar mais. Isso me pareceu bom no começo, depois percebi que algo estava errado. Já estava mocinho, adolescente, e percebi que meus pais não se amavam. Havia respeito, meu pai, sempre bondoso, era paciente com minha mãe. Vendo-a mais alegre, achou bom e não se preocupou com o que ocorria ou com o que poderia acontecer. Eu, que sempre fora alvo da atenção máxima de minha mãe, senti ciúmes da amizade dela com meu tio, e passei a prestar mais atenção neles. Então percebi que, quando meu tio estava ausente, mamãe se trancava muito no quarto e, quando ele vinha nos visitar, modificava-se e se enfeitava toda. Tio José Venâncio ficava às vezes durante a tarde; outras, ficava hospedado por dias.

Numa dessas tardes em que estava conosco, eu estava fazendo a lição quando deparei com uma dificuldade e fui perguntar à minha mãe, abri a porta do seu quarto devagar e a vi beijando meu tio na boca. Não disse nada, fechei a porta com cuidado e fui chorar num canto do jardim. João, o empregado que morava conosco, logo que me viu, foi me consolar.

– Que foi, menino Evandro? Por que chora? Levou bronca de sua mãe? Já é um homem e não deve chorar.

Refugiei-me em seus braços e solucei contando-lhe o que vira. Depois de me acalmar, ele disse:

– Não é fácil você entender. Também já os vi e não sei o que fazer. Não quero contar ao seu pai, ele não merece este sofrimento, esta vergonha. Pedi ao senhor José Venâncio para não vir mais a esta casa. Ele me prometeu que logo não virá mais, que deve partir para longe. Espero que ele cumpra a palavra. Faça de conta que você não viu nada. Esqueça! Vou tentar acertar esta situação desagradável. Se seu tio partir, tudo ficará como antes.

Só que não esqueci. Meu tio José Venâncio continuou a vir à nossa casa, passei a tratá-lo friamente e ele pareceu nem notar.

Foi quando algo terrível aconteceu. Meu pai foi à cidade para efetuar uma compra, mas voltou logo depois de ter saído. E houve a tragédia em que morreu meu tio José Venâncio. João foi quem me contou como aconteceu.

– Evandro, seu pai voltou porque esqueceu o dinheiro que deveria ter levado. Quando o vi, assustei-me, porque sabia que dona Verônica e o senhor José Venâncio estavam juntos no quarto. Por isso acompanhei seu pai. Os dois se apavoraram ao serem descobertos; seu tio ia matar seu pai, meu patrãozinho Leonel, então interferi e matei seu tio. Como seu pai é muito bondoso e para que não viessem todos a saber da traição, dissemos que o próprio senhor José Venâncio tinha se ferido.

– É justo, João, você matou para defender meu pai!

Evandro só veio a saber da verdade quando desencarnou. Para que ele não ficasse sabendo que seu pai era o verdadeiro assassino, João havia mentido para ele.

Todos pareceram acreditar que fora um acidente. Enterraram-no e repartiram seus bens, meu pai não quis nada e sua parte ficou para seus outros irmãos.

Minha casa se transformou, meus pais passaram a dormir em quartos separados. Não havia mais alegria, minha mãe não se importava com mais nada, vivia chorando. Eu me aproximei mais do meu pai.

Tio Pedro, para roubar o talismã, feriu-o e ele quase morreu. Este meu tio fugiu e não ficamos mais sabendo dele. Cuidei de meu pai com carinho.

Via pouco minha mãe. Quando ela ficou doente, resolvi perdoá-la e tratar dela. Sentia que, apesar de seus erros, amava-me. "Evandro, meu filho, erramos muito por imprudência. Eu sabia que não estava certa e, por não ter tido forças, errei e fiz vocês que tanto amo sofrerem. Você é meu filho querido, me perdoe."

Meu pai ordenou que cuidassem muito bem dela. Teve todo o conforto, mas ela acabou morrendo.

Sofri muito com sua morte. Éramos felizes e de repente tudo mudou.

Meu pai nunca mais teve saúde após ser ferido e preparou-me para substituí-lo. Não queria que eu continuasse a morar naquela casa e culpou por todos acontecimentos ruins o estranho objeto, o talismã.

Meu pai faleceu, sofri muito, mas, como ele queria, parti dali sem remorso, deixando a casa abandonada e o talismã lá escondido. Faria o que ele queria, recomeçaria a vida longe do talismã e da casa.

Assim o fiz.

sete

A Trama

Três vidas – Três histórias

— Narrei até aqui – disse-me Fabiano – o que vi, mas também vou narrar os acontecimentos vistos e sentidos pelos outros envolvidos.[3]

– *José Venâncio* era honesto – continuou Fabiano sua narrativa –, trabalhador, mas não tinha a mesma inteligência e esperteza para negociar que o irmão, meu pai Leonel.

Estava pensando em casar, mas não queria que lhe escolhessem a noiva. Falava que quando encontrasse

3. Neste capítulo, os mesmos acontecimentos são narrados por Fabiano a partir das impressões de José Venâncio, Verônica e Leonel (Nota do Autor Espiritual).

a mulher dos seus sonhos casaria. Foi à festa na casa do irmão, gostava desses encontros. Não invejava o irmão que estava rico, admirava-o e queria muito bem a ele. Mas, quando escutou a história do talismã, desejou intensamente possuí-lo. Se o irmão ficara rico por sua causa, ele na posse desse objeto ficaria também. Se pedisse ao irmão, sabia que ele o daria, mas, como para dar sorte teria de ser roubado, resolveu roubá-lo e quando ficasse rico o devolveria. Mas como roubá-lo? Como achá-lo? Leonel não falou onde o escondia e pelo visto seria num lugar bem seguro. Até que procurou, mas com tantas pessoas na casa foi impossível roubá-lo durante a festa. Discretamente, procurou em alguns lugares prováveis, até encontrou uns bilhetes de Leonel dizendo que o talismã não estava lá. Riu-se da astúcia do irmão. O danado previu que muitos dos convidados iriam procurá-lo e resolvera brincar.

Resolveu apelar para a cunhada Verônica, a esposa de Leonel. Verônica era bonita, alegre, animada, gostava de festa e foi fácil manter contato com ela. A festa acabou, os convidados foram-se e ele voltou também para sua casa, mas só pensava no talismã e em Verônica. Passou a ir com freqüência à casa do irmão. Conversava muito com a cunhada e acabou encantado com ela e daí a se apaixonar foi um passo. Já não queria mais tanto o talismã, pensava ainda em roubá-lo, mas passou a querer intensamente Verônica. Embora o sentimento que tinha por ela fosse forte, intenso, ele era honesto e lutou contra essa paixão. Ela era esposa de seu irmão e não queria traí-lo nem destruir-lhe o lar. Tentou afastar-se, mas não conseguiu. Um dia, estando a sós com Verônica, não resistiu e a beijou. Foi correspondido. Descobriu que ela também o amava profundamente. Que fazer? Ficou noites sem dormir não sabendo como proceder. O que o levou a querer ficar com Verônica foi uma conversa que teve com o irmão. Conversando com Leonel, este lhe contou que casara sem amor, pela vontade dos pais de ambos, que admirava Verônica, mas que nunca conseguiu amá-la e que ela era fria e ele tinha amantes na cidade. Diante desses comentários, José Venâncio conversou abertamente com Verônica e propôs-lhe uma fuga. Ele ia vender o que possuía, ela acharia o talismã e fugiriam. Só que Verônica tinha medo, queria estar com o esposo, que não amava, mas queria-lhe muito bem. Mas, a pedido do amado, começou a procurar o talismã e não encontrou. Chegou a perguntar para o esposo.

– Leonel, onde guardou o talismã?– Ora, que talismã que nada, isso foi uma brincadeira. Você não acreditou nisso, não é?

– Todos acreditaram. Onde o colocou? É um objeto de ouro!

– Não sei, acho que o perdi. Por que se importa com isso? Para que quer saber?

– Por nada – respondeu Verônica.

Temendo que o esposo desconfiasse, não indagou mais, continuou a procura mas não o achou.

José Venâncio e Verônica passaram a se encontrar cada vez mais. Ele ia muito à casa do irmão, sentia-se culpado e sabia que agia errado, mas fraco não conseguia pôr um basta na situação. Encontravam-se na casa quando o irmão não estava e marcavam encontros em locais diferentes pela fazenda quando Verônica ia passear a cavalo. José Venâncio queria acabar logo com aquela agonia, que o estava incomodando muito.

Um dia, João, o homem de confiança de Leonel, o chamou para uma conversa particular.

– Senhor José Venâncio, com todo respeito que tenho pelo senhor, queria lhe pedir para não vir mais a esta casa.

Ele espantou-se, ficou calado olhando o negro.

"Já nos descobriram", pensou envergonhado.

Após uns instantes de silêncio, João o encarou com severidade e voltou a falar:

– Não sou cego como meu senhor. Sei que está encantado com nossa senhora. Isso não é certo. Gosto muito do meu senhor e não quero que aconteça uma desgraça.

– Não se preocupe, João – disse José Venâncio suspirando tristemente – vou-me embora logo. Vou partir para longe. Não conte nada ao Leonel. Prometo a você ir embora e não voltar mais aqui.

Afastou-se cabisbaixo. Teria de resolver o que fazer. Com ou sem o talismã iria embora. Propôs a Verônica uma fuga imediata. Conversou sério com sua amada.

– Verônica, foge comigo! – disse suplicando. – Venderei o que possuo e vamos embora para o norte do país. Não tenho muito dinheiro mas sou forte e trabalhador.

– Se dentro de um mês não achar o talismã, iremos embora. No final de semana, Leonel irá à cidade, venha encontrar-se comigo – respondeu Verônica.

– É perigoso, acho que todos da casa já sabem do nosso romance.

– Venha, por favor, combinaremos tudo, marcaremos a data de nossa fuga.

José Venâncio foi ao vizinho e lhe propôs a venda de suas terras. Combinaram tudo, só faltou marcar a data, que seria breve, para a conclusão da venda.

No dia marcado para se encontrarem, José Venâncio foi disposto a forçar Verônica a se decidir e rápido. Quando chegou à casa do irmão, este acabara de sair. Foi direto para o quarto de Verônica. Estavam se beijando quando Leonel entrou no quarto. Levou um susto.

– José Venâncio, meu irmão! Cães! Como e por que me traem?

Viu Leonel transtornado, sentiu nojo de si mesmo. Não respondeu, abaixou a cabeça e escutou o choro de Verônica.

– Que faço, meu Deus? – falou o irmão desesperado. – Como agir nesta ocasião? Se pelo menos fosse um desconhecido! Mas meu irmão! Mato vocês dois!

Leonel pegou um punhal que levava sempre na cinta quando viajava e foi para cima dos dois. José Venâncio mais forte e ágil poderia facilmente dominar o irmão, porém sentindo-se culpado e com remorso ficou simplesmente na frente de Verônica e recebeu uma punhalada.

José Venâncio sentiu-se tonto, queria pedir perdão ao irmão, mas não conseguiu falar mais. O ferimento doía muito, sentiu o sangue escorrer pelo corpo. Escutou os gritos de Verônica e tudo escureceu.

Acordou, estava ao lado de seu corpo morto. Sentia frio e estava muito confuso. Viu, sem entender, enterrarem seu corpo e ficou a vagar por muito tempo perturbado, ora na sua antiga casa, ora ao lado de Verônica. Mas, ao lado da amada, sentia-se mais culpado e infeliz. Arrependeu-se amargamente de ter traído o irmão, de ter errado tanto. Quando suplicou por clemência, foi socorrido por sua mãe que havia desencarnado fazia muito tempo.

Ficou abrigado num Posto de Socorro e com a orientação que recebeu foi se libertando da amargura e da dor. Soube que Verônica desencarnara mas não se encontrou com ela. Não queria vê-la. Leonel também havia desencarnado, tinha receio, vergonha dele e não o procurou. Até que um orientador reuniu os três. José Venâncio sentiu-se muito envergonhado diante do irmão e esforçou-se para conseguir falar:

– Leonel, perdoe-me...

– Você me perdoou, José Venâncio?! Matei seu corpo carnal...

Chorou como criança nos braços do irmão Leonel, entendeu que ele sofreu muito por tê-lo assassinado. Sentiu profunda paz com a reconciliação. O remorso passou com o tempo, trabalho e aprendizado. Leonel reencarnou, José

Venâncio e Verônica passaram a se encontrar, conversar e fazer planos para reencarnarem também. Entenderam os dois que amargura e tristeza não pagam dívidas e que simplesmente sofrer para quitá-las não seria suficiente para eles. Era preciso reparar os erros com o trabalho no bem, construindo, ajudando e caminhando firme para o progresso.

– *Verônica*, na história do talismã, era bem jovem quando se casou. Seus pais escolheram o esposo e ela aceitou. Logo percebeu que Leonel era sério demais, trabalhador e que lhe dedicava pouco tempo. Animou-se toda quando ficou grávida, mas seu parto foi difícil, quase morreu e não pôde mais engravidar e ter a numerosa família que planejava. Sentia-se muito só, às vezes achava-se abandonada pelo esposo, porém este não lhe deixava faltar nada, dava-lhe tudo o que queria, era educado, só que preocupado demais com seus negócios. Mudou-se de casa, Leonel construiu uma bela casa e ela distraiu-se por um tempo a planejá-la e decorá-la. Animou-se com a festa de inauguração. Sentiu que era invejada pela sua bela casa e pelas roupas. Envaideceu-se com as muitas atenções dos convidados.

Sempre teve amizade com o cunhado José Venâncio. Depois da festa, porém, este passou a visitá-los com freqüência e a lhe fazer a corte. Ele era alegre, falante, divertido, era o esposo que queria ter. Da admiração passou ao amor. A paixão a inquietava, era casada, preconceituosa, sempre abominara mulheres levianas. Fora até ali honesta e queria continuar sendo. Até que, ao descobrir que era também amada, entregou-se a José Venâncio e tornaram-se amantes. Tinha um medo terrível de serem descobertos, mas a vontade de estar perto do amado era mais forte e passaram a se encontrar às escondidas.

Verônica vivia inquieta, tentava sufocar a sensação de culpa, mas não conseguia deixar de ver seu amado. Romântica, sempre sonhara em amar e ser amada e José Venâncio era tudo o que queria para si. Estava sempre sobressaltada e atenta ao esposo. Não queria que ninguém soubesse de seu amor.

Após um tempo, entendeu que José Venâncio queria o talismã. Tentou explicar-lhe que aquele objeto nada representava. Mas, como ele o queria, tratou de procurá-lo. Nada encontrou. Ele queria fugir com ela, ir embora para longe para recomeçarem uma nova vida como marido e mulher. Temia fugir. Teria de renunciar a tudo e nunca mais retornar à casa de que tanto gostava e se orgulhava, tudo ali era do seu gosto; ao filho, a quem amava muito e não queria magoar; a Leonel que era bom esposo. Tentou iludir o amado. Achou que talvez ninguém descobrisse e poderiam continuar como estavam. Mas José Venâncio lhe deu o ultimato: ou fugiriam juntos ou ele ia embora para longe e sozinho. Vendo que o amado estava resoluto, mesmo assim tentou ganhar tempo. Era difícil largar tudo, principalmente porque sabia que José Venâncio tinha pouco dinheiro e certamente iriam viver modestamente. Isso a incomodava, nunca se privara de nada e tinha medo da pobreza. Pensou em roubar o marido, mas Leonel não guardava muita coisa que pudesse ser levada. Sua fortuna estava empregada nas terras, no gado etc.

Não sabia o que decidir, quando Leonel se ausentou e tentou esquecer a incerteza nos braços do amado. Foi então que aconteceu a tragédia. Leonel os pegou juntos. Viu com horror o punhal nas mãos do marido e este ferindo José Venâncio, que morreu em seus braços. Durante dias, ficou em estado de choque e foi confinada ao seu quarto. A cena da tragédia não lhe saía da mente, revivia-a a cada momento. Depois que Leonel fez o enterro do irmão, passou a dormir em outro quarto. Quando ela melhorou, o marido veio lhe falar:

– Verônica, não quero mais escândalos. Você foi leviana demais, estragou nossa vida. Matei meu irmão, sou um assassino. Você é uma adúltera que não merece um lar honesto. Só que tudo o que fizermos agora não irá consertar os acontecimentos que passaram. Você ficará aqui por enquanto. Porém, não mais como senhora, não poderá dar ordens nem sair. Ficará trancada nesta casa. Daqui a uns tempos, talvez a leve para um convento.

O que o marido lhe disse não fez diferença. Para Verônica, o mundo tinha acabado e nada mais importava. Não foi pela casa e pelo dinheiro do marido que tinha hesitado tanto em ir embora? Não foi por sua indecisão que José Venâncio tinha morrido? Sofreu muito. Mas, com o tempo, entendeu o quanto fora culpada. Ela não devia ter aceitado a corte do cunhado nem ter sido sua amante. Devia ter respeitado o esposo ou então ter fugido logo com José Venâncio. Sofria e o esposo também, este não mais a quis e nem ela a ele, evitava até vê-lo, tinha vergonha e medo. Ficou a vagar pela casa sem ânimo e alegria, não se alimentava direito e dormia pouco. Sentia a ausência do amado, além de vergonha e remorso.

Um dia, sentiu-se doente, não comentou nada com ninguém, até que não agüentou se levantar do leito, e a escrava que a atendia, percebendo, contou a Leonel. Este mandou chamar o médico. Verônica estava com pneumonia, não lutou pela vida, seguiu sem ânimo as prescrições do médico. As escravas cuidavam dela, ela não reclamava, não se queixava e depois de uns dias desencarnou. O único que sentiu sua morte foi seu filho, Evandro, que, embora tendo deixado-a sem sua atenção e carinho pelos acontecimentos, amava-a.

Sofreu mais ainda ao desencarnar. Pensou que ao morrer iria ficar junto de José Venâncio, mas o remorso era grande e os afastava. Não tinha tranqüilidade e vagou um tempo pela casa. Os escravos oravam por ela, fora boa para eles e, embora a julgassem leviana, tinham-na como boa senhora, e foram eles, com o auxílio de outros ex-escravos desencarnados, que a ajudaram. Após uns tempos perturbada, ela entendeu que desencarnara e foi socorrida. Gostou do lugar onde foi abrigada, era grata pelo socorro, só que não conseguia se livrar do remorso destrutivo.

Até que se encontraram, pediram com sinceridade perdão um ao outro. Ficou muito grata a Leonel por a ter perdoado e, quando este também reconhecendo seus erros pediu perdão, compreendeu o quanto ele sofreu sentindo-se culpado. Nada havia que lhe perdoar, porque já o tinha perdoado havia tempo; depois, nunca vira nele nenhuma culpa. O esquecimento sem rancor fez muito bem. Sentiu muita esperança no recomeço.

Passou a se encontrar com José Venâncio, com o qual conversava muito. Acompanhou Leonel na volta ao corpo carnal pela reencarnação. Interessou-se muito por esse processo natural, a reencarnação, compreendendo que Deus é profundamente bom e justo por permitir que reencarnemos com o esquecimento do passado, porque, do contrário, poderíamos nos perturbar muito.

E, na época prevista pelos orientadores da Casa de Auxílio onde estagiavam, reencarnaram ela, José Venâncio e o filho, que estava com eles desde que tinha desencarnado.

– *Leonel* era uma pessoa séria, trabalhador incansável, aceitou de bom grado quando seus pais lhe arrumaram um casamento. Gostou de Verônica, porém nunca a amou. Para ele, ela era infantil demais, vaidosa e não se interessava pelas coisas de que ele gostava. Mas compreendeu que ela não era culpada, também fora obrigada a casar e tentou ser bom esposo. Dava-lhe tudo que era de material, conforto, roupas, até construiu a casa com que ela sonhava. Queria ter muitos filhos, mas conformou-se com um só, Evandro, que o adorava. Também tentou procurar o amor nos braços de outras mulheres, mas o fazia com discrição; sentia-se muito só, nunca amou ninguém.

Percebeu que o irmão passou a freqüentar muito sua casa, gostou, amava seu irmão José Venâncio. Ele era alegre, comunicativo e todos gostavam dele. Verônica parecia diferente, já não pedia tanto para viajar e sorria mais. Chegou a pensar que algo poderia estar acontecendo entre os dois, mas expulsou esses pensamentos, que achou indignos.

Um dia, ao sair, ia à cidade a negócios, o tio Pedro veio encontrar-se com ele e disse que Verônica estava doente e que mandava chamá-lo. Voltou preocupado. Verônica era forte, sadia e se mandou chamá-lo deveria ser sério. Chegou a casa, foi direto ao seu quarto e o que viu o deixou pasmo. Viu José Venâncio e Verônica juntos beijando-se. Por momentos não soube o que fazer, depois pegou o punhal e foi para o lado deles. Não queria matar, não era assassino, mas acabou enfiando o punhal no peito do irmão, que caiu ensangüentado. Neste instante, João e Isabel entraram no quarto.

– Por Deus, senhor! – exclamou João. – Que fez? Deixe que cuido de tudo.

Isabel tirou Verônica do quarto e a levou para outro. João organizou tudo, disse a todos que José Venâncio se acidentara e morrera. Houve desconfianças, mas ninguém contestou. Os outros três irmãos vieram, admiraram-se de saber que José Venâncio estava querendo vender suas terras. Venderam tudo o que ele possuía e repartiram o dinheiro.

Leonel sentiu-se profundamente triste, amargurado e culpado. Se tivesse sabido de outra forma, teria expulsado Verônica de casa, mas jamais mataria. Nunca usaria de tanta violência. Resolveu, apesar da desgraça, continuar com seu trabalho e cuidar com atenção do filho.

Quanto a tio Pedro, este não o incomodava. Sabia que ele era safado, ao hospedá-lo pensou ser por pouco tempo, só que ele foi ficando. A família toda o havia prevenido a respeito dele, mas parecia regenerado, até o estava ajudando naqueles momentos difíceis.

Um dia, estava sozinho sentado na sua poltrona preferida, pensando com tristeza nos acontecimentos que mudaram tanto a vida naquela casa, quando tio Pedro se aproximou. Perguntou como estava passando e depois indagou sobre o talismã. Leonel havia esquecido completamente do tal objeto. Respondeu sem pensar muito, apontando uma caixinha que estava em cima de um móvel e que ficava sempre fechada.

– Está ali – respondeu.

De repente, compreendeu que talvez o tio estivesse querendo o talismã e seria esta a razão de ele estar ali, na sua casa, por tanto tempo. Levantou-se, encarou-o e indagou se estava querendo roubá-lo.

Foi ferido, não deu tempo nem para reagir, a ação foi rápida, o tio enfiou-lhe a faca no abdômen. Não perdeu os sentidos, tentou estancar o sangue do ferimento com as mãos. Viu o tio pegar a caixa e fugir. Chamou por João e, após minutos que lhe pareceram horas, ele veio. Ao vê-lo ferido, gritou por socorro e em instantes todos os empregados da casa vieram para seu quarto. Colocaram-no no leito. Isabel fez uma atadura. Um dos empregados comentou:

– João, o doutor está na fazenda vizinha, veio ajudar no parto na casa-grande.

– Então vá chamá-lo, e rápido, peça-lhe que venha urgente.

– Vamos atrás do safado – opinou um outro escravo.

– Não – disse Leonel sentindo muitas dores. – Ele terá o castigo que merece. Fez tudo isso por nada, deixem-no ir embora.

O médico chegou rápido, fechou o ferimento, receitou remédios e repouso. O ferimento foi grande, porém não mortal, pelo menos Leonel não desencarnou nesse momento. Mas ficou lesado, com seqüelas incuráveis. Leonel não teve mais saúde, sentia muitas dores, nunca mais pôde cavalgar nem andar muito. Qualquer esforço que fizesse, o ferimento lhe doía imensamente.

Leonel deixou realmente Verônica trancada em casa. Depois que foi ferido pensou bem e concluiu que não a mandaria para o convento. Achou que o castigo já estava bom e resolveu deixá-la livre, poderia sair se quisesse. Dizendo-lhe isso, finalizou:

– Verônica, pode sair de casa e passear. Se quiser me trair, saia primeiro desta casa. Não seja responsável por mais mortes. Seja amante de quem quiser, você não é mais nada para mim, mas tenha a decência de não me trair enquanto morar aqui. Se quiser ter uma vida promíscua, saia deste lar honesto.

Verônica não respondeu. Ela só o traiu por amar muito José Venâncio. Sabia que estava errada e que fora responsável pela morte do amante. Não tinha mais vontade de sair e não o fez.

Leonel, às vezes, maldizia a sorte. Antes, tudo era tão diferente! Pensando muito nos acontecimentos, compreendeu que tudo começou com a história que ele inventou sobre o objeto que achou junto ao esqueleto. Depois disto é que José Venâncio passou a freqüentar sua casa para roubar o talismã. Sabendo que não podia ser doado, porque se pedisse a ele o teria dado de boa vontade, resolveu roubá-lo. Isso por sua imprudente brincadeira, por sua mentira. E para roubá-lo teria de procurá-lo. O irmão passou a visitá-lo mais e também a conviver com Verônica e se apaixonaram. Se não fosse por isso, José Venâncio agiria como antes e os visitaria raramente. Sem a convivência, os dois não teriam se apaixonado e esse drama macabro não teria acontecido.

Tio Pedro também quis o talismã. Aguardou uma oportunidade para roubá-lo. Foi ele quem o fez voltar e pegar o irmão e a esposa juntos em flagrante adultério. Também agiu com ingratidão quando o feriu, querendo mesmo matá-lo. E para quê? Para roubar o talismã.

Leonel chegou a essas conclusões após muito pensar. Depois que mostrou o talismã a todos os hóspedes e contou sua inventada história, ele guardou-o no bolsinho do colete. Como este estava descosturado, colocou-o em cima da cômoda, dentro de algo de que não se recordava. Divertindo-se, resolveu continuar com a brincadeira. Sentindo o interesse de todos pelo objeto, colocou dentro de alguns lugares em que provavelmente o procurariam alguns bilhetes. Tempos antes, Verônica tinha comprado uma bonita caixa que era trancada com chave e todos os freqüentadores da casa sabiam que a chave ficava guardada dentro de uma gaveta da cristaleira. Foi o primeiro lugar em que colocou um bilhete e viu que, nos dias da festa, muitas pessoas haviam aberto a caixa. Como não viu mais o talismã, achou que algum dos convidados o havia encontrado, ou melhor, roubado, mas não se importou.

Lembrou-se então de que tanto Verônica como José Venâncio haviam indagado sobre o talismã, e que provavelmente o queriam para si.

Um dia, a criada veio lhe comunicar que a esposa estava doente. Mandou chamar o médico, que constatou que o mal era grave. Ela não reagiu e acabou por falecer. Não sentiu a morte de Verônica, procurou confortar o filho, que sentiu a perda mas logo esqueceu.

Chegou até a pensar em casar de novo, mas se sentia muito doente. Soube do tio Pedro, todos os familiares souberam do ocorrido, e vieram informá-lo de que ele conseguira viajar para a Europa. Às vezes, sentia raiva dele e quando isso ocorria sentia-se mal.

Resolveu dedicar-se apenas ao filho Evandro, instruí-lo para o substituir. Não saía mais de casa, recebia poucas visitas, teve uma vida solitária e triste.

Um dia, a arrumadeira limpava seu quarto e ele estava sentado na poltrona descansando. Evandro a chamou, ela foi atendê-lo e largou o que estava fazendo. Havia no quarto uma prateleira pequena na parede com alguns livros e enfeites, que a moça deixou no chão. Leonel olhou-os e viu os livros. Havia tempo não lia nada, resolveu abaixar-se e pegá-los. Então lembrou: no dia da festa, tirou o talismã do bolso e o colocou dentro de um livro que estava em cima da cômoda. Esse livro, capa grossa de couro, tinha um vão entre a capa e as páginas quando aberto. Ele colocou o objeto de ouro lá e o fechou. Pegou o livro emocionado, abriu-o e lá estava o maldito objeto.

"Será que foi você, maldito, a causa de tantas desgraças?", pensou consigo.

Colocou-o numa caixa vazia de jóias e o deixou lá.

Sua saúde piorou muito, e o médico, a seu pedido, sendo sincero, confirmou que Leonel não viveria muito.

Evandro tornou-se um moço forte, bonito, sadio e estava comprometido com uma boa moça. Leonel incentivou-o a fazer uma outra casa, a ter outra residência em outro local, quando se casasse.

– Pai – disse Evandro – esta casa nunca foi reformada, precisa de reparos, mas não gosto daqui, parece sempre que vejo a traição de mamãe, seu choro pela casa, a morte do tio José Venâncio e sua agonia. Vou casar e morar em outro lugar. Construirei uma casa do outro lado de nossas terras.

– Aprovo, filho – disse Leonel. – Não tenho esperanças de viver muito. Quero morrer aqui com minhas lembranças.

Depois que eu morrer, mude-se! Comece agora a construir sua casa. Filho, você se lembra do talismã? Do objeto que achei na Garganta Estreita? Tinha perdido, ou melhor, escondido e esqueci, agora achei-o, quero que o esconda num lugar onde ninguém o ache e que fique longe dele. É maldito! Foi ele que trouxe toda nossa infelicidade.

Leonel entregou-o ao filho e este o escondeu. Meses depois, já não conseguindo sair do leito, desencarnou após sofrer muito. Um grupo de desencarnados que haviam sido seus escravos o ajudou. Com carinho e gratidão o desligaram e o levaram para ser amparado num Posto de Socorro. Tudo fizeram para lhe agradar. Contudo, Leonel sentia-se culpado e achava que não merecia tanto carinho nem a acolhida que recebia. Então, um orientador, querendo ajudar, reuniu os espíritos envolvidos na trama do talismã, para que conversassem e se entendessem.

Ao ver o irmão José Venâncio, envergonhou-se e saiu o grito sufocado havia muito tempo.

– Perdão! Perdão!

Abraçar o irmão foi uma bênção. E as palavras do orientador muito o ajudaram.

– Vocês três já haviam há tempos perdoado uns aos outros. Faltava a coragem do reencontro. Agora que pediram perdão, sentiram-se perdoados, reconciliaram-se e tornaram-se para sempre amigos. Recomecem sem culpa. Façam propósitos de não errar mais. Aproveitem esta experiência para acertar no futuro, para caminhar rumo ao progresso fazendo o bem, sendo bons.

E foi isso que Leonel quis fazer e logo: recomeçar. Reencarnou após um breve aprendizado numa colônia de estudo. Foi para perto de amigos em outra região, confiante em que aproveitaria bem a oportunidade dada pela reencarnação.

oito

O Ouro Fundido

Fabiano foi por muitas vezes sozinho às ruínas. Como já foi dito, da casa e do talismã recordava-se só de algumas partes. Mas depois que desencarnou teve a curiosidade de saber a origem do tal objeto afamado, do talismã. Pesquisou e descobriu.

Não muito longe dali, outrora havia um pequeno garimpo. Um fazendeiro, achando que num pequeno riacho que passava por suas terras tinha ouro, mandou um feitor com quatro escravos para garimpá-lo.

Esse fazendeiro era muito exigente; deixou-os acampados perto do riacho. Cabia ao feitor vigiá-los para que trabalhassem incessantemente. Recebiam poucos alimentos e para completar suas refeições alimentavam-se de frutas e caças. O fazendeiro mandava ração uma vez por semana e eles ficavam isolados no pequeno vale.

A região era muito fria, a água era gelada e os escravos tinham de se molhar para trabalhar. Queixavam-se muito e com razão. Ficando os cinco sozinhos, o feitor e os escravos acabaram por se tornar íntimos, conversavam muito. O feitor era benevolente com eles. Entendia que não era fácil o trabalho, o local era muito frio, a água gelada e tinham pouco agasalho.

Um dia, o fazendeiro veio ao acampamento, humilhou o feitor na frente dos escravos.

– Quero ouro! Aqui deve ter e muito! É muito pouco o que me entrega. Quero resultado! Estou sustentando-os, estou empregando dinheiro neste garimpo e não estou tendo retorno. Você, feitor, está muito mole, não está trabalhando direito. Quero trabalho!

O feitor tentou justificar-se falando do frio, da falta de alimentos e isso irritou ainda mais o fazendeiro.

– Castigue os negros!

Após xingá-los e ameaçá-los, foi embora deixando os escravos apreensivos. Já era difícil trabalhar e se fossem castigados seria pior. O feitor escutou calado e assim continuou após a partida do fazendeiro. Quando pararam para fazer a refeição, e sempre a faziam todos juntos, um dos negros comentou:

– O senhor foi injusto com você. Trabalha tanto e não é reconhecido. O senhor é ingrato!

– É verdade – respondeu o feitor. – Estou pensando, sou livre e não preciso agüentar tantos desaforos. Não preciso trabalhar para esse estúpido, posso arrumar outro emprego.

Será que ele já sentiu frio? Será que alguma vez já entrou nessa água gelada? Claro que não! A casa-grande é muito confortável e ele se alimenta bem, está sempre agasalhado. E fica teimando que aqui tem muito ouro. Só que não achamos o tanto que ele esperava. Encontramos bem pouco!

Diante de seu desabafo, os escravos entreolharam-se e um deles falou:

– Por que não partirmos juntos? Seremos seus escravos. Iremos para longe e ficaremos livres desse senhor ingrato. Não sabemos para onde ir, conhecemos só a fazenda. Mas você, que veio de outro lugar, saberá nos levar para um local seguro.

O feitor olhou-os bem, pensou por instantes e respondeu sorrindo:

– Tudo bem! Concordo! Poderemos fugir juntos. Vieram aqui hoje, agora só daqui uma semana. Se partirmos amanhã cedo, ganharemos tempo; quando descobrirem nossa fuga, estaremos longe. Levaremos só o necessário e a ração que nos trouxeram. Por hoje chega de trabalhar, chega de água gelada!

Os negros se olharam, e o que já havia falado disse novamente.

– Feitor, está sendo bom conosco. Confiamos em você. Desde que estamos aqui, garimpando, conseguimos guardar um punhadinho de ouro. Queremos dar a você para ajudar na nossa fuga.

O feitor riu.

– São espertos! Eu também guardei um pouquinho e não me arrependo. Vamos fundi-lo!

Entusiasmados, fundiram as pequenas pepitas e o pó em um só pedaço. E ali estava fundido o ouro de todos eles. Admiraram-se com o resultado.

– Vejam só como ficou bonito! – exclamou o feitor. – Parece um medalhão de sinhás!

– É mesmo! Deste lado até parece que tem um rosto. De anjo ou do demônio? – falou um escravo.

– Talvez do demônio, já que foi roubado! – respondeu outro negro.

Entretanto, se os escravos estavam esperançosos e animados com a fuga, confiantes no feitor, este pensava diferente.

O feitor pensou: "Para que fugir com quatro negros?" Seriam um estorvo e depois seria perseguido e, se fosse preso, enforcado. Roubar escravos era pena máxima. O fazendeiro, seu patrão, não teria clemência. Estava cansado daquela vida, passando frio, fome e ainda mais tendo de agüentar as exigências daquele senhor cruel. Se fugisse sozinho com o ouro, os escravos certamente posariam de vítima e iriam correndo à fazenda delatá-lo ao senhor. Resolveu então matá-los e fugir com o ouro. Pôs-se a planejar. Não tinha como matá-los de uma vez só, teria de ser um de cada vez. Resolveu matá-los e jogá-los no riacho. Quando os encontrassem, concluiriam que alguém os havia surpreendido e matado a todos para roubar. Achando os cadáveres dos negros e o dele não, poderiam pensar que o dele teria descido o riacho. Ninguém iria procurar um cadáver e ele fugiria fácil para longe. Não tendo montaria, a fuga teria de ser a pé. Mas ele era esperto, e andar não seria problema, logo estaria longe daquelas terras.

Fingiu que estava planejando a fuga de todos, falou tranqüilo aos escravos:

– Temos de planejar por onde iremos subir a encosta. Não podemos ir pelo caminho da trilha. Podem nos ver. Vamos pesquisar. Dois ficam aqui e dois vêm comigo por este lado. Subiremos e veremos se é fácil.

– Não é mais fácil fazer isso juntos amanhã? – indagou um escravo.

– Claro que não! É melhor fugir rápido e já sabendo por onde. Se alguém vier aqui verá vocês dois e, se indagados, dirão que nós três estamos caçando. Lá de cima se vê tudo, mas, se alguém da fazenda nos espionar, verá vocês dois e não desconfiará de nada.

Os escravos concordaram e lá foram os três. Após andar um bom pedaço, o feitor parou e disse:

– Você vai até aquela árvore, sobe nela e verifique o terreno. Nós dois iremos até aquela pedra e depois nos encontraremos aqui e voltaremos. Iremos por aqui amanhã!

Foi fácil matar o que o acompanhou até a pedra; sem que ele desconfiasse, enfiou o facão no peito dele. O escravo morreu sem conseguir nem ao menos gritar. O feitor foi ao local que marcou com o outro e, quando este veio todo contente, foi surpreendido com uma facada na cabeça. Arrastou os dois para perto do acampamento e os deixou escondidos. Após descansar uns instantes, observou os dois que ficaram e, quando um se afastou, foi atrás dele e traiçoeiramente o matou. Foi ao encontro do quarto que estava cozinhando o jantar. Foi acolhido com alegria.

– Já voltaram? Então, acharam um caminho seguro?

– Seguríssimo – respondeu o feitor se aproximando.

Desta vez, ao levantar o facão, o escravo percebeu e tentou se desviar, fugir, mas não conseguiu, foi ferido. Ainda tentou lutar, pegou uma pedra e a jogou no rosto do feitor, ferindo-o. Porém, não teve chance, o feitor enfiou o facão no seu peito. Desencarnou olhando-o com muito ódio.

Já ia escurecer e rapidamente completou seu plano. Jogou os quatro cadáveres no riacho onde trabalhavam. Pela escavação, havia formado um pequeno lago de pouca profundidade e foi lá que os jogou, como também sua roupa suja de sangue. Pensou em partir, mas escurecia e esfriava muito, depois podia se perder, resolveu ficar e esperar o dia amanhecer. Não conseguiu dormir, parecia que escutava os gemidos dos escravos. Levantou-se muitas vezes para verificar se estavam lá e mortos. Embora tendo certeza de que estavam mortos, pareceu que realmente escutava a angústia, os gemidos de dor dos escravos.

Assim que o sol despontou, ele pegou só o necessário, e partiu dali. Só que os quatro companheiros mortos foram com ele. Perturbados, os recém-desencarnados sem saber direito o que lhes acontecia o acompanharam, ora pensando estar feridos, ora que fugiam para a tão sonhada liberdade.

O feitor estava terrivelmente inquieto, parecia que escutava os gemidos de suas vítimas. Andou até a exaustão, só parou ao anoitecer, alimentou-se e dormiu. O dia seguinte transcorreu da mesma forma; no terceiro dia, cansado, faminto, parou na encosta que mais tarde passou a se chamar Garganta Estreita e deitou-se para descansar.

Como ele havia previsto, só dias depois acharam os corpos no riacho, os dos quatro negros e as roupas dele. Enterraram os corpos e não desconfiaram que ele, o feitor, estivesse vivo. Concluíram que tinham sido mortos por ladrões.

Deitado sobre uma pedra, o feitor pôs-se a pensar e a planejar como sair dali mais depressa. Havia visto uns cavalos pastando ali perto e planejou roubar um, ir à cidade, localizar-se e fugir para longe.

Foi quando sentiu algo gelado a deslizar pela sua perna. Olhou e viu uma cobra venenosa, assustou-se. Contraiu as pernas e a cobra o picou.

"Estou ferido! Vou morrer!", exclamou.

Fez uma atadura logo acima, cortou o local da picada.

"Que faço agora?", pensou aflito. "Estou cansado e não agüentarei subir esta encosta. Como pedir ajuda? Como poderei obter socorro? O melhor é descansar um pouco e depois tentar achar uma casa habitada. Ou tentar pegar um cavalo e ir para a cidade. Lá acharei quem me ajude."

Mas logo começou a sentir os efeitos do veneno. Desencarnou agonizando, aterrorizado e com muitas dores. Viu então os quatro escravos ao seu lado. Apavorado, não saiu do corpo morto e ali ficou, vendo-se e sentindo-se apodrecer.

Sua agonia foi terrível, mas o tempo quase sempre apazigua as dores. Os quatro ex-escravos foram socorridos por outros ex-escravos, espíritos bondosos que vieram conversar com eles, acabando por convencê-los a irem embora daquele local e deixarem o ex-feitor, suas mágoas e o desejo de vingança. Ele ficou sozinho, não quis escutar os socorristas, nada que disseram o convencera. Tinha de vigiar seu ouro e ali ficou junto do esqueleto, concentrando sua atenção na bolsa onde guardava o ouro.

Passou-se o tempo. Certo dia, ele ouviu um barulho diferente. Era um homem. Viu que fora encontrado, ou melhor, o esqueleto do seu corpo carnal. Não se importou quando o homem pegou seu ouro. Já não se interessava mais por aquele pedaço de metal que fora a causa de seu grande sofrimento.

Isso é bem comum: quando se sofre pelos atos errados, costuma-se colocar a culpa em alguém e até em objetos, que são completamente neutros. O feitor foi terrivelmente egoísta, cruel, traidor, sofreu pelas conseqüências de suas maldades, porém culpou o ouro, objeto de sua cobiça, por sua desgraça. Criando muita energia negativa, jogou-a naquele metal fundido, que ficou saturado da energia doentia e negativa. Só o objeto, esse pedaço de ouro fundido, não iria fazer mal a ninguém. As pessoas sensíveis e boas iriam achá-lo desagradável.

Se soubessem usar a psicometria iriam sentir as vibrações negativas de que estava impregnado.

Vieram os escravos da fazenda a mando de Leonel, cavaram um buraco para enterrá-lo, oraram por ele, que pela primeira vez em muito tempo sentiu-se melhor com a atenção, com o carinho daqueles homens simples. Ajeitaram seus ossos delicadamente e com respeito para enterrá-lo. Desencarnados socorristas desejavam novamente auxiliá-lo, insistiram para que perdoasse e pedisse perdão. O ex-feitor aceitou agradecido e emocionado. Foi levado para um Posto de Socorro e o esqueleto, enterrado. A oração sincera foi e é sempre de grande ajuda a todos nós.

nove

Preconceitos

Fabiano, depois de ter ido algumas vezes às ruínas e recordado a história do talismã, novamente voltou numa tarde bonita e quente e ficou meditando:

"Sei agora a história deste objeto, do talismã, e recordei parte da minha infância e adolescência como Evandro. Mas que acontecimentos ocorreram depois de abandonar esta casa?"

De repente, um vulto surgiu à sua frente. Uma sensação gostosa de calma e conforto tomou conta do seu ser. Sentiu-se feliz com a visita. Não conseguiu ver direito, mas deu para perceber que era uma mulher muito linda, beleza contida na sua vibração de bondade e harmonia. Sorriu para ele. Falou-lhe de modo delicado, sua voz parecia uma cantiga de raros encantos.

Normalmente, em aparições assim o encarnado não escuta como um som material. O que sempre ocorre é o sensitivo entender, compreender o que o espírito quer dizer. Isso aconteceu com Fabiano, ele sentiu o que Lídia, pois era ela, queria lhe transmitir.

"Fabiano, meu Evandro, amo-o muito. Siga firme no bem, caminhe para o progresso com todas as suas forças. Estarei esperando-o! Adeus!"

O vulto sumiu. Fabiano sentiu imensa saudade, queria para sempre aquele espírito ao seu lado. Ficou alegre por se sentir amado e pela motivação, mas também triste, por não ter sempre aquela mulher com ele. A saudade lhe doía no peito.

"Lídia! Lídia!", falou baixinho repetidas vezes.

Sim, ela se chamava Lídia, lembrou-se. Lídia, o grande e único amor de sua encarnação anterior. Novamente as recordações, algumas partes mais importantes e marcantes. Mas só quando desencarnado é que pôde montar, como um quebra-cabeça, toda a história.

Ao deixar a antiga casa ao abandono, Evandro não o fez com tristeza. Três dias após ter enterrado seu pai, arrumou tudo, com os escravos e empregados, e transferiu a sede da fazenda para o outro lado de suas terras. Ainda não estava pronta, faltava muito para que a casa pudesse ser habitada. Mas, como prometeu ao seu pai, mudou-se. Lá foram esperançosos para a nova residência. Acomodaram-se ele, João e Isabel em três cômodos. Esses servidores amigos continuaram fiéis até que desencarnaram. Sempre moraram com ele, que sempre pôde lhes confiar todos os segredos.

Embora não tivesse tanto conforto, estava feliz na nova residência. Sentiu muito a morte do pai, amava-o profundamente; sempre foram amigos, companheiros e sempre o admirou. Mas viu-o sofrendo muito e por muitas vezes o pai lhe pedira para não se entristecer com sua partida.

Organizou tudo para que a construção fosse concluída o mais depressa possível. Logo que estivesse pronta, ia se casar e não queria esperar muito. Amava muito a noiva. Lídia era bela aos seus olhos. Não era tida como uma moça bonita, mas, como ele a amava, ela era linda e, se comparada a outras, estas perdiam longe. Ela era única para ele. Era filha de um pequeno fazendeiro, morava ali perto com os pais e oito irmãos.

Esse casamento não agradava aos seus familiares, que achavam que ele merecia uma noiva mais rica e bonita. O tio Anastácio queria que Evandro casasse com a filha dele, a prima Josefina. Chegou até a falar com Leonel em certa ocasião. Seu pai comentou com ele:

– Evandro, meu irmão Anastácio quer casá-lo com Josefina. Ela é boa pessoa, poderia até ser boa esposa para você. Gosto dela. Não é fácil para duas pessoas viverem juntas sem amor; quando isso ocorre, pode tornar-se uma prisão para ambos. Quando há amor, tudo se torna mais fácil, tolerável e mesmo quando os dois se amam nem sempre dá certo. Imagine quando é arranjado! Não quero isto para você. Escolha você sua esposa e o faça por amor.

Leonel dizia gostar de Lídia, achava-a boa e educada. Porém, Evandro compreendeu que o pai julgava não ser Lídia a mulher ideal para ele. Mas, como prometera, não interferiu. Ficaram comprometidos e casariam logo que a nova sede estivesse pronta.

Só tinha uma coisa que Evandro não gostava na noiva. Ela era muito benevolente e caridosa. Gostava muito de ajudar as pessoas. Aprendera com o médico que morava na cidade próxima à fazenda a fazer partos, a cuidar de ferimentos e estava sempre ajudando os doentes. E, quando o velho clínico pelo muito trabalho ou pela distância não podia atender alguém, ela cuidava dos casos menos graves por ali. Ela não fazia diferença; assistia aos pobres, ricos, escravos e até animais. Evandro não gostava dessa atividade de Lídia, ora tinha ciúmes, ora achava que ela, casando, seria uma senhora rica, e não ficaria bem sua futura esposa andar pela região socorrendo as pessoas como fazia.

Após a morte do pai, Evandro sentiu-se muito só e passou a aceitar mais ainda a companhia do tio Anastácio e de seus primos. Estes não perdiam a oportunidade de lhe falar dos defeitos da noiva. Evandro, porém, cortava a conversa, não permitia que falassem mal dela. Mas, cada vez mais incomodava-se com sua mania, e via como uma esquisitice a sua bondade, a ajuda que dava aos doentes. Chegou a falar com ela.

– Lídia, não quero mais que ande por aí medicando as pessoas, você não é médica. Quero que me obedeça como seu futuro marido. As pessoas comentam sua esquisitice. Desde já, deixo claro que não fará isso quando casarmos.

Lídia, sempre tão delicada, chorou, levando Evandro a ser mais delicado.

– Por favor, Lídia, não chore! Não queria ser grosseiro, mas não vejo com agrado esses seus modos. Não poderia parar com isso para me agradar?

– Mas, Evandro – falou ela – que mal há em fazer o bem? Em ajudar as pessoas? Gosto tanto!

– Mais do que de mim? Não gostaria de fazê-la escolher. Amo você! Se me ama, pare com isto!

– Amo você também! Uma coisa nada tem que ver com a outra. Por favor, não me proíba!

Com a aproximação do pai dela, a conversa foi encerrada. Lídia então passou a sair menos e, quando o fazia, tentava se esconder e ir por outros caminhos, às vezes pelo mato, para não ser vista. Assim, todos pensaram, até Evandro, que ela havia parado, ou diminuído suas visitas, suas ajudas.

Evandro ausentou-se por dias a negócios. Quando voltou, o tio estava à sua espera.

– Evandro, estou a esperá-lo, porque como seu parente mais próximo, como irmão de seu pai, sinto-me responsável por você, também lhe quero como filho. Aconteceu algo muito desagradável!

– Que foi, meu tio? Conte logo!

– Sei bem que não gosta que fale nada de sua noiva. Mas foi por imprudência dela que tudo aconteceu.

Fez uma pausa. Evandro, ao ouvir falar de sua amada, alertou-se, ficou sério prestando atenção.

– Ela está bem – continuou o tio – desonrada mas bem. Evandro, meu sobrinho, ontem pela manhã, Lídia descia o morro do Cordel, disse que foi visitar um desses doentes dela, no alto do morro. Só que desceu por uma trilha não usada. Esquisito, não? Parecia que se escondia de alguém. Bem, o fato é que foi atacada por dois homens e estuprada. Encontraram-na e agora está na casa dos pais. Eu...

– Quem são esses bandidos? Mate-os! – gritou Evandro.

– Não precisa – respondeu o tio. – O pai e os irmãos dela já o fizeram. Eles foram atrás dos bandidos e os mataram. Agiram bem. Homens assim merecem a morte. Mas Evandro, meu sobrinho, pense bem no que irá fazer. Lídia talvez não seja a mulher que mereça ser sua esposa. Moça direita não fica andando por aí sozinha. Minhas filhas não saem de casa sem proteção minha ou dos irmãos. Acho que ela não foi bem criada, não recebeu a educação devida. Será que ela não facilitou? Pelo que soube, ela ia fazia dias àquela casa e fazia o mesmo caminho. Os homens podem tê-la visto e foi fácil.

Evandro teve vontade de esmurrar o tio, porém se conteve. Entendeu que o tio não queria ofendê-lo, mas ajudá-lo, e que ele tinha razão. Pedira tanto a Lídia que parasse com essas visitas. E por que ela não ia pelo caminho freqüentado? Teve vontade de chorar, não o fez de vergonha do tio. Pensou aflito: “Por que Lídia fez isto comigo?”

– Evandro, venha passar uns dias em minha casa – disse o tio em tom carinhoso. – Você agora precisa de carinho da família. Ajudarei você nas suas tarefas na fazenda. Depois, tem João que poderá cuidar de tudo por aqui. Lá em casa terá a companhia dos seus primos. Venha comigo!

Evandro aceitou o convite. Sofria e não queria ficar sozinho. Seguiu o tio sem sequer conversar com João e Isabel, que o amavam como se fosse um filho.

Na casa do tio, todos fizeram o possível para agradá-lo e distraí-lo. Mas não perdiam a oportunidade de comentar as qualidades de Josefina, o tanto que ela seria boa esposa. Ele, então, passou a notar mais a prima. Ela era realmente bonita, educada, prendada e parecia gostar dele.

Uma tarde, ao sair com dois primos a cavalo e passar perto de outros homens, Evandro ouviu o triste comentário.

– O noivo da desonrada!

Ia partir para briga, tirar satisfações. Um dos primos não deixou.

– Evandro, não brigue! Senão, terá de brigar com todos por aqui. É, infelizmente, o que todos pensam. Depois, não é nenhuma mentira. Lídia foi estuprada!

– Ela não teve culpa! – respondeu Evandro.

– Não? – falou o primo. – Se estivesse quieta em casa como uma boa moça, isso não teria acontecido. É muito ingênuo, primo! Estamos do seu lado. Se quiser brigar, embora o grupo deles seja mais numeroso, vamos com você nem que seja para apanhar. Mas deve entender que não mudará o conceito de ninguém. Lídia procurou isso. Certamente, ela não o ama como você merece. Como desposar uma moça tão falada?

Evandro não respondeu, desistiu de brigar. Depois do acontecido, não tinha ido visitar a noiva, não teve coragem e agora não tinha vontade. Ademais não sabia como agir, o que fazer em relação a ela. Todos a julgavam errada. Se ela tivesse atendido a seu pedido nada disso teria acontecido. Se ao menos, pensou, seu pai estivesse vivo, o aconselharia com sabedoria. Lembrou-se, então, que o pai aceitou Lídia, porém não a queria como nora. Seu primo, concluiu, tinha razão, todos na região deveriam estar pensando como aqueles homens e rindo-se dele.

Naquele mesmo dia, durante o jantar, seu primo comentou a grosseria que escutaram, e o tio falou dirigindo-se a ele.

– Quer, Evandro, que eu tire satisfações com esse vizinho?

– Não, tio, não quero envolvê-lo em brigas. Não sei o que faço. Preciso tomar uma atitude. Mas estou confuso.

– Evandro – disse a tia – amamos você, e seu tio tem estado muito preocupado com o que lhe tem acontecido. Você não merece este sofrimento, esta vergonha. Por que não se aconselha com ele, será como se estivesse falando com seu pai.

– Tio, me ajude – disse Evandro. – Que devo fazer?

– Aconselho você como a um dos meus filhos. Desfaça o noivado e escolha uma boa moça para esposa e mãe de seus filhos.

– Vou fazer isto – falou Evandro. – Irei conversar com o pai dela qualquer dia destes.

– Você não deve ir – falou a tia. – É muita humilhação! Você, querido – disse, dirigindo-se ao esposo – não fará isso por ele?

– Faço! – respondeu o tio. – E irei agora.

– Mas...

Evandro ia dizer que queria pensar mais um pouco, mas o tio levantou-se deixando o jantar inacabado e saiu.

– Está vendo, Evandro – disse um dos primos – como papai se preocupa com você? Agiu certo terminando esse noivado. Agora, ninguém mais debocha de você.

Duas horas depois, o tio voltou e comentou:

– Tudo certo, Evandro, você é livre agora. Agimos corretamente. O pai de Lídia nem ponderou. Concordou na hora, sabe que temos razão. Ainda mandou pedir desculpas a você.

Dois dias depois, receberam convites para irem a uma festa na fazenda de outro tio, que morava mais distante. Anastácio fez a família toda ir. Ele ficaria e cuidaria de tudo, da fazenda dele e da do sobrinho. Foram animados. Evandro em outras circunstâncias não teria ido, mas foi para não ficar sozinho. Todos os familiares ficaram sabendo do ocorrido, mas nada comentaram. Foi agradável rever os parentes, e todos, direta ou indiretamente, diziam que ele e Josefina formavam um casal perfeito. Notou que empurravam a prima para perto dele e a aceitou como companhia.

Os dias de festa acabaram, voltaram alegres. Evandro se distraiu, acabou gostando, não teve tempo para pensar. Aqueles dias foram muito movimentados. Durante a festa, ouviram-se comentários sobre Evandro e Josefina e o tio ficou muito contente quando a esposa disse:

– Evandro e Josefina ficaram muito juntos, pareciam noivos. Todos comentaram a beleza do par. Falavam que formavam um casal perfeito.

– Vocês estão namorando? – indagou o tio olhando para Evandro.

– Eu, bem...

Evandro não sabia o que responder, e um dos primos falou ajudando-o.

– Ora, papai, Evandro não faria isto sem sua permissão. Ele é um cavalheiro e sabe que Josefina é moça respeitável.

– Oh! – exclamou o tio. – Não seja por isto, tem toda minha permissão. Seu pai e eu sempre quisemos o casamento de vocês.

A conversa foi dada como compromisso. Houve abraços pelo noivado e logo começaram a fazer planos. A tia concluiu que o noivado não deveria ser longo.

– Vocês casam e ficam morando conosco até a casa de vocês ficar pronta. Daqui a dois meses é a festa da Virgem Maria, poderiam casar nessa data. A ocasião é propícia e todos os familiares poderão vir.

Evandro concordou sem pensar. Prontamente, tudo ficou acertado. Dias depois, foi à sua fazenda. Achou tudo em ordem, o tio e João haviam cuidado de tudo. Isabel e João abraçaram-no comovidos.

– Então, ficou noivo? – perguntou João. – Não o fez muito depressa? Você pensou bem? É isso que realmente quer?

– João – respondeu Evandro triste – não sei se é isso que quero. Acho que é o melhor

O velho amigo o abraçou.

– Meu Evandro, meu menino! Por que foi tão precipitado? Por que se deixou envolver? Você deveria ter vindo aqui, poderia ter conversado conosco.

– Que poderia fazer? – falou Evandro. – Lídia me fez sofrer. Depois Josefina é tão boa...

– Você ama Lídia – falou Isabel.

– Amava... – falou Evandro sem nenhuma convicção.

– Você diz que amava – falou Isabel – e que ela o fez sofrer. Não pensou no que esta menina sofreu e sofre? Recebeu uma violenta agressão e você nem foi visitá-la. Você acha mesmo que sofreu mais que ela?

– Isabel – disse Evandro – eu tinha pedido para ela parar com essas estranhas visitas. Ela não atendeu ao meu pedido. Eu que não tive culpa! Se ela não é culpada eu menos ainda!

– Evandro – disse João – Lídia é boa, pura. Não é uma parte do corpo que nos faz ser ou não impuros. Quantas pessoas julgam a pureza por atos externos, porém ela está em nosso interior, em nossos sentimentos e na boa conduta. É a delicadeza, a bondade que nos fazem ser boas pessoas.

Lídia para nós continua sendo pura e honrada. A honra de uma pessoa é algo bem mais sério. Em minha simplicidade, ser honrado é agir direito, seguir o que manda o Senhor Jesus. Tantas coisas erradas são feitas em nome dessa honra! Mata-se e castiga-se. Dizem que Lídia está desonrada. Achamos injusto! Além de sofrer essa grande agressão, sofre ainda a incompreensão de todos e o seu desprezo, a quem ela tanto ama. Ela nada fez de errado e parece para muitos que errou mais que os homens que a atacaram. Será, Evandro, que você não pode ser justo com ela? Tratá-la como vítima?

– Ela sofreu muito? – indagou Evandro com voz baixa.

– Pelo que sabemos, sim – respondeu Isabel.

Evandro chorou nos braços dos amigos. Instantes após, reagiu.

– Agora está feito! Vou casar com Josefina. Tudo está marcado. Não quero que o nome de Lídia seja mais pronunciado nesta casa.Evandro agiu preconceituosamente. Preconceito é uma recusa de vida diferente da dos que nos rodeiam. É resultado de condicionamentos. Através dos milênios, sofrendo, satisfazendo, ou tendo esperanças, ou recusando circunstâncias, a humanidade criou normas de vida que elegeu como a melhor atitude para seu viver. Isso chega até nós tão enraizado, tão profundo que raros homens têm coragem de encarar a realidade. Vencemos o preconceito quando ficamos livres do passado, dos condicionamentos que nos são impostos e quando agimos com os outros como gostaríamos que eles agissem conosco.

Os preparativos ocuparam todo o tempo, e Evandro no dia marcado casou-se. O casamento foi bonito e houve uma grande festa que reuniu todos os parentes. Ele prometeu ser bom esposo e queria sê-lo. Nos primeiros meses morou junto do tio e sogro, a família alegre o distraía. Logo, a casa ficou pronta, mudaram-se e vieram os filhos. Tiveram seis. Evandro até que se esforçou para amar Josefina, só que não conseguiu; fez então como seu pai, dava-lhe tudo de material e refugiou-se nos negócios. Tentou também ser bom pai, porém não tinha paciência com os filhos.

O tempo o fez compreender que fora muito precipitado e agira errado em relação a Lídia. Ele errou mais que todos juntos. Devia ter ficado lado a lado com ela. Se estivesse casado com ela, o amor da sua vida, tudo teria sido mais fácil, o casamento, os filhos. Mas, como voltar no tempo? Depois, sem saber o que agora sabia, teria dado certo o casamento com Lídia? Será que, se estivessem juntos, não a culparia nesses anos todos? Como pudera, pensava aflito, desprezá-la tanto? Nem coragem de vê-la teve, nem de desfazer o noivado. Só conversava sobre isso com João e Isabel. O casal, já velho, escutava carinhosamente.

Amou e amava Lídia e esse era seu castigo. Procurava saber sempre dela. Lídia continuava com suas visitas de ajuda, medicando os pobres, só que não se escondia mais. Evandro temia por ela, tinha medo de que fosse novamente atacada, mas isso não aconteceu. Ela passou, com os anos, a ser venerada. Todos, na região, principalmente os que não podiam pagar para ter assistência médica, respeitavam-na profundamente.

Evandro se julgava infeliz, sentia falta da amada. Esqueceu-se, porém, de tudo mais que havia recebido de Deus e havia recebido muito. Era perfeito, sadio, tinha uma esposa honesta e filhos. E também tinha, como empréstimo de Deus, grande fortuna. Mas, imprudentemente, concentrava suas emoções no que lhe faltava e não no que dispunha. Tornou-se impaciente, inquieto, e isso incomodava os familiares porque estava sempre de mau humor. Passou a embriagar-se. Mas, consciente dos vexames que a bebida provocava, quando o fazia, ia para o porão da casa e por lá dormia.

Soube que Lídia passava necessidades e mandou João levar-lhe uma grande quantia de dinheiro; ela devolveu e mandou dizer que não precisava. Sentiu-se mais amargurado ainda por não conseguir ajudá-la.

Uma tarde, quando cavalgava, viu Lídia. Afastou-se dos empregados e voltou-se em direção a ela. Sua ex-noiva não o vira, desceu do cavalo com dificuldades e sentou-se numa pedra para descansar. Havia mudado, envelhecera, engordara, mas estava linda como sempre. À frente dela, emocionado, teve ímpeto de lhe dizer que a amava, que sempre a amara. Mas não teve coragem. Temia ofendê-la. Estava casado e não tinha nada para oferecer. Ao olhá-la, notou em seus olhos a tranqüilidade que perdera e compreendeu que era muito mais infeliz que ela e por sua própria culpa. Quando ela se levantou e se dirigiu à casa que ia visitar, Evandro notou o tanto que Lídia mancava, que andava com muita dificuldade. Teve vontade de abraçá-la, conteve-se e ficou a olhá-la até que entrou na casa. Afastou-se, e lágrimas correram pelo seu rosto.

Pensava muito nela e bebia cada vez mais.

Foi no porão da casa que o encontraram morto. O espírito de Evandro ficou junto do corpo morto até a hora do enterro. Sua mãe, Verônica, e José Venâncio conseguiram desligá-lo. Recusou, porém, o socorro e ficou no seu antigo lar. Viu com tristeza que os familiares não sentiram sua morte. Josefina gostava dele, no começo do casamento chegou até a amá-lo; porém, cansou de amar sozinha e transferiu esse amor aos filhos. Estes, sim, amavam a mãe. Evandro compreendeu que foi ele mesmo que se afastou dos filhos e que estes não tinham muitos motivos para amá-lo. Repartiram a fortuna que ele havia herdado e multiplicado com seu trabalho, e que julgava ser sua por ter sido adquirida honestamente. Ilusão! A morte do corpo o fez entender que nada possuía e ali estava ele como um pobre infeliz.

Resolveu visitar Lídia e o fez facilmente. Entristeceu-se ao vê-la tão pobre. Sua amada vivia numa casa tão velha que nem seus empregados morariam; era esburacada, quente no verão e fria demais no inverno e sem nenhum conforto. Faltava-lhe tudo materialmente. Encontrou-a alegre, ela era feliz – uma felicidade que ele não conseguia entender. Só depois compreendeu que ela possuía a paz que sempre lhe faltou. Era feliz fazendo o bem, sendo útil.

Ficou surpreso ao perceber que ela sentiu sua presença e aconselhou-o a largar tudo e desligar-se das coisas materiais. Porém, ele não quis sair dali. Aquelas terras e casas eram tudo para ele, achava que não merecia nada melhor. O que ele queria naquele momento era o perdão de Lídia.

Assim, ficou preso em espírito por muitos anos ao seu antigo lar, mais precisamente ao porão e ia sempre ver Lídia. Às vezes, ficava de longe olhando-a, outras se aproximava e quando fazia isso ela sentia a sua presença. Até que um dia pôde lhe pedir perdão. Chorou emocionado ao escutar o perdão dela. Sentiu que era sincero. Envolvido nas vibrações bondosas de Lídia, Evandro sentiu-se bem. Estavam presentes ali, junto dele, sua mãe e o tio José Venâncio a lhe oferecerem ajuda. Aceitou, agradecido. Foi levado para uma colônia, onde aprendeu a viver com dignidade, como um espírito, após ter o corpo morto, deve viver. Teve permissão para visitar Lídia muitas vezes e também para rever os filhos.

Lídia também desencarnou. Ela foi levada logo após seu corpo morrer para a colônia por seus muitos amigos. Evandro foi visitá-la somente depois de muitos dias. Encontrou-a bem, feliz e disposta. Ele falou pouco, observava somente. Pediu perdão novamente. Tinha necessidade de escutar muitas vezes que ela o perdoava. Sentiu vergonha diante da ex-noiva. Quis imensamente tornar-se digno dela. Passaram a se encontrar nos seus horários de lazer. Conversavam muito. Lídia lhe trazia paz e confiança.

Evandro então planejou encarnar e tentar fazer o que ela fizera: o bem. E pediu outra oportunidade, a da reencarnação, e queria ter uma deficiência física.

Esses pedidos, todos referentes a reencarnações, são analisados com sabedoria em departamentos próprios. Cada um de nós tem realmente o que necessita.

Esperançoso, esse espírito reencarnou e recebeu o nome de Fabiano.

dez

Lídia

Desde menina Lídia gostava de ajudar a todos, os irmãos, os empregados, os escravos e os animais. Cuidava dos doentes da casa com carinho. Aprendeu a fazer chás, interessou-se pelas plantas e fez amizade com o velho médico que clinicava na região. Quando o clínico estava por perto, lá estava ela conversando com ele. Continuou assim e com mais intensidade na adolescência. Seus pais não gostavam, tentavam impedir, mas Lídia sempre dava um jeitinho e continuava.

Um dia, quando passeava a cavalo com o irmão, conheceu Evandro. Olharam encantados um para o outro. Uma semana depois, encontraram-se numa festa. Ele foi conversar com ela, seu coração disparou, teve certeza de que o amaria por toda a vida.

Assumiram compromisso de noivado. Combinaram que casariam só quando a casa que Evandro estava construindo ficasse pronta. Lá, sonhava, seria o seu ninho de amor.

Lídia não era bonita, mas agradável, simpática, risonha e irradiava alegria. Era uma pessoa amiga e todos gostavam dela. Sentia-se bem em ajudar as pessoas doentes, em fazer partos auxiliando crianças a vir ao mundo, e medicando com suas ervas e seus chás.

Por muitas vezes, fizera-o escondido dos pais e depois também do noivo.

Sua família ficou muito feliz por ter ficado noiva do homem mais rico da região, mas Lídia não ligava para esse fato. Amaria Evandro talvez mais ainda se fosse pobre. Amava-o sem egoísmo, sem paixão. Era incapaz de um sentimento mau, queria bem a todos e não via maldade em nada.

Quando Evandro lhe falou que era contra as visitas de ajuda, decepcionou-se tanto que, embora tenha se esforçado para não chorar, acabou fazendo-o por não conseguir se conter. Iludira-se; pensou que o noivo compartilhasse de suas idéias, de seus planos. Tinha imaginado que, ao casar, ele lhe daria dinheiro para fazer um galpão onde pudesse atender os doentes da redondeza e comprar muitos remédios. Nunca pensou que ele fosse contra o que ela fazia com tanto amor. A decepção doeu muito. Mas depois acalmou-se e, como todos os enamorados costumam fazer, pensou que ele ia mudar, que ia conseguir mudá-lo.

Para não contrariar o noivo, resolveu diminuir um pouco as visitas e, quando ia, era à tardinha ou pela manhã bem cedo e escondido.

Evandro viajou a negócios. Ela estava ajudando uma mulher a cuidar do filho recém-nascido cujo umbigo começara a inflamar. A criança era linda, filha de um empregado da fazenda de seu pai. Gostava muito de crianças, ficava imaginando como seria feliz ao ser mãe. Ia bem cedinho, tinha de subir um morro, não ia pela trilha conhecida por todos para não ser vista, mas por outra, que não era usada. Agia assim para que Evandro não soubesse.

Um dia, depois de uma visita, voltava distraída quando escutou um barulho, pensou que fosse um animal, sentiu medo e correu. Mas foi agarrada por dois homens. Foi uma cena triste e deprimente. Tudo o que Deus fez foi para o uso e não para o abuso. Qualquer abuso, seja do que seja, traz conseqüências terríveis para os que o sofrem e para aqueles que o cometem. O sexo não foge à regra e o abuso sexual é muito aviltante.

Lídia ficou ali jogada, tonta e com muitas dores. Ao ser derrubada, caiu em cima da perna esquerda, que teve fratura exposta. Quando uns moradores da fazenda a acharam, a moça teve vergonha, pois estava quase nua. Enrolaram-na em um casaco e a levaram para casa.

O médico amigo veio rápido, medicou-a e engessou-lhe a perna; ela não poderia sair do leito por alguns meses.

Lídia aguardou, ansiosa, o retorno do noivo, queria seu carinho. Imaginou que este viria correndo confortá-la ao saber. Amava-o tanto! Mas ele não veio! Soube que retornou e não apareceu para vê-la. O pai veio lhe dar a notícia.

– Lídia, Evandro voltou de viagem e foi passar uns dias na casa de seu tio Anastácio.

– Não veio me ver? – indagou, ressentida.

– Acho, filha, que nem virá. O tio sempre quis que ele se casasse com a filha. Não irá perder esta oportunidade de aproximá-los. Se o seu noivo não veio até agora, dificilmente virá. Quero que saiba que matamos, eu e seus irmãos, os dois bandidos que a atacaram.

– Por que os matou? – perguntou Lídia.

– Para que não falassem por aí que somos uns frouxos. Tinha de zelar pelo nosso nome. Nem digo pela sua honra, esta você já a perdeu.

– Foram capazes de matar só para que não falassem mal de nós? – espantou-se Lídia.

– E não é assim a vida? Por que Evandro não veio vê-la? Porque certamente não quer uma noiva desonrada.

– Que honra é esta tão cruel? Que fiz de errado?

– Às vezes, até eu a acho cruel – disse o pai. – Mas é a que temos por conceito.

– Espero que isso mude, no futuro – disse Lídia, tristemente.

– Mas, enquanto não muda, é o que temos de seguir. Depois, Lídia, sua mãe e eu pedimos tanto que parasse com esta sua esquisita caridade. Muito poucos irão compreender seu gesto. Irão falar mal de você, e para muitos você teve o que procurou.

O pai saiu do quarto e Lídia chorou. Porém, não perdeu a esperança. Evandro certamente viria vê-la. Pensou nele com carinho. Mas passaram-se os dias e ele não veio. A cada amanhecer dizia:

"Ele virá, Evandro virá hoje."

Ao anoitecer comentava triste:

"Amanhã, certamente..."

Já era noite, ia dormir, quando escutou vozes, havia um visitante na sala, mas fora uma visita rápida. Ao ver o pai entrar em seu quarto, teve um pressentimento ruim. Ficou calada, olhando para ele, que abaixou a cabeça e disse:

– Lídia, o tio do Evandro, senhor Anastácio, veio aqui e desfez o compromisso de vocês. Ele veio para o sobrinho não ter de passar por esta humilhação. Já não é mais noiva!

O pai saiu deixando-a sozinha. Lídia então chorou, a dor foi tão grande que sentiu como se o seu corpo estivesse se dilacerando. Para ela, foi pior que o dia em que foi violentada. Chorou a noite toda. Ao amanhecer, decidiu:

"Não choro mais! Nunca mais! O amor continua vivo, não morreu. Mas agora é só meu. Aprenderei a viver sem a presença de Evandro, mas não posso viver sem amor. Que ele fique no fundo do meu ser e que seja só meu!"

Os comentários da família sobre a agressão que sofrera e o noivado desfeito eram contraditórios. Uns diziam que Evandro estava certo, outras que fora injusto. Mas quase todos concordaram, Lídia não agira certo ao sair sozinha. Ela não respondeu a nenhum dos comentários.

Conversava à vontade só com o velho médico e este, para que ela se distraísse, trouxe-lhe emprestados os seus livros de estudos de medicina e muitas vezes explicava-lhe as partes que ela não conseguia entender.

Ficou sabendo da festa a que Evandro fora, do noivado dele e não chorou. No dia da Virgem em que ele se casou, Lídia não agüentou e as lágrimas escorreram-lhe pelo rosto, porém esforçou-se:

"Não choro! Não devo chorar! É Evandro quem casa, não o meu amor. Este é só meu!"

A recuperação foi lenta, a fratura da perna foi feia e quase tiveram de amputá-la. Mas Lídia era jovem, sadia, e reagiu, porém ficou a seqüela, a moça ficou manca. Andava primeiro com o apoio de uma cadeira, depois com muletas improvisadas e finalmente com uma bengala.

Logo que lhe foi possível, voltou a ajudar os seus doentes. Seus pais reclamaram, mas ela não se importou e devagar voltou às suas visitas. Só que de charrete ou a cavalo, pois não conseguia andar muito.

Tentava não mais pensar no antigo noivo e para se distrair intensificou o auxílio às pessoas, não se escondendo mais.

– Lídia, vamos precisar deste quarto para seu irmão. Ele vai casar e deverá ficar uns tempos morando aqui com a esposa. Mandei arrumar aquele pequeno, perto da cozinha, para você. Mude para lá, amanhã! – disse-lhe um dia a mãe.

Lídia ia contestar, por que ela? Mas calou-se. Havia tempos, desde o dia da violência que sofrera, a família a tratava diferente. O pai, ainda mais bondoso, dirigia-lhe a palavra em tons mais amorosos. A mãe sempre achou que foi por imprudência que ela jogara fora um casamento vantajoso e não a perdoava por isso.

O quarto era pequeno, couberam só a cama e um baú. Ela não reclamou.

Um dia, escutou a mãe falando com o pai que deveria arrumar um casamento para ela. Correu e ajoelhou-se ao lado do pai.

– Papai, eu lhe imploro, não me case! Por Deus, deixe-me solteira!

– Ora, só conversávamos – disse a mãe. – Quem iria querer casar com você? É difícil! Talvez um viúvo cheio de filhos ou um empregado para ter alguma vantagem.

O pai a compreendeu.

– Lídia, não farei isso. Você só casará se quiser e se for você mesma a arrumar o pretendente.

– Então, ela ficará solteira! – exclamou a mãe.

– Ficarei solteira, sim – pensou Lídia aliviada.

Só se casaria por amor e, como era impossível unir-se a quem amava, não queria ter ninguém a seu lado só por ter. Era incapaz de se entregar a alguém sem amor. E sabia que não ia amar mais ninguém.

Não foi mais a festas, tentou ir à missa, mas na igreja sentiu que todos olhavam para ela com ar de reprovação e de crítica. A moça esforçou-se ao máximo para não chorar; prometera a si mesma que não choraria. Não queria chorar no meio de tantas pessoas. Sentiu-se aliviada quando a missa acabou e voltou para casa.

O amigo médico confortou-a e aconselhou:

– Lídia, não se importe com a maldade. Ela não poderá fazer-lhe mal. Antes ser vítima de uma maldade que fazê-la. Esqueça essas ofensas. Não fique chateada por isso ter acontecido numa missa. É muita hipocrisia irem orar e não seguirem os ensinamentos do nosso Mestre Jesus. Lembro-a de que no tempo Dele não havia missas. E o que Ele fazia, podemos fazer. Ele ajudava, curava e confortava a quem precisava.

Lídia perdoou de coração seus agressores e orou por eles, desejando que estivessem bem. Não guardou mágoas. Passou a sair só para ajudar a quem lhe pedia. O velho médico morreu e veio outro para o seu lugar. Era só um clínico para uma região grande e ele sentiu-se aliviado com a ajuda dela.

Sempre tinha notícias de Evandro. Ficou contente ao saber que teve filhos. Desejava que fosse feliz.

O tempo passou, os pais morreram e os irmãos a colocaram para morar numa casinha que servia aos empregados da fazenda. Passava por dificuldades mas, mesmo assim, repartia o que tinha com os mendigos.

Um dia, um empregado de Evandro veio bater à sua porta. Atendeu-o achando que viera pedir ajuda. Assustou-se quando ele disse:

– Dona Lídia, o senhor Evandro mandou isto para a senhora.

Era um envelope fechado, abriu-o apressada. Dentro havia uma quantia elevada em dinheiro. Colocou o dinheiro novamente no envelope, fechou-o e entregou-o ao portador.

– Agradeço ao senhor por ter vindo aqui. Mas, por favor, volte e devolva ao senhor Evandro. Diga-lhe que certamente se enganou. Este envelope é dele e o conteúdo lhe pertence, eu não aceito.

Felizmente logo depois vieram buscá-la para fazer um parto. Assim, evitou pensar no assunto, esquecendo a oferta de Evandro.

Tempos depois foi ver um doente. Estava a cavalo, parou perto de uma árvore, sentou-se numa pedra para descansar uns minutos para em seguida atravessar o jardim e entrar na casa que visitaria. O calor estava forte e ela suava, enxugou o suor e abanou-se com o lenço. Viu uma pessoa se aproximar e só de perto reconheceu Evandro. Seu coração disparou e virou-se para o outro lado, dando-lhe as costas. Evandro, porém, parou, desceu do cavalo e lhe dirigiu a palavra.

– Boa tarde, Lídia! Como está?

Lídia virou-se, desejou estar mais arrumada. Estava com roupas velhas, sem nenhum atrativo, amarrara os cabelos como sempre, num coque na nuca. Tentou ajeitá-lo com a mão, depois o olhou e sorriu, respondeu esforçando-se para conter a emoção.

– Bem e você?

– Está muito quente, hoje – respondeu ele. – Talvez chova mais tarde. Passava por aqui e a vi. Faz tempo que não nos vemos.

Tirou o chapéu, o tempo também o havia modificado. Estava grisalho, de bigode, rugas apareciam no seu rosto. Olharam-se examinando um ao outro. Lídia envergonhou-se por um instante. Depois reagiu, ela era o que era, nunca e nada seria motivo para envergonhar-se. Levantou a cabeça e sorriu. Nisso, um dos moradores da casa gritou:

– Dona Lídia, entre por favor! Estamos esperando-a. Quer que eu a ajude?

– Não, obrigada! Estou indo.

Virou-se para Evandro e disse altiva:

– Boa tarde, Evandro! Estou muito atarefada, devo ir.

Levantou-se e esforçou-se ao máximo para caminhar sem mancar tanto. Sem olhar sequer uma vez para trás, entrou na casa onde era esperada. Ouviu então o barulho do cavalo se afastando. Perturbou-se com o encontro, mas não deixou ninguém perceber.

Foi numa tarde, em que acabava de fazer um curativo numa criança, que um empregado veio lhe dar a notícia:

– O senhor Evandro morreu! Estava um pouco adoentado e hoje morreu!

Lídia parou o que estava fazendo. Olhou para o homem sem entretanto vê-lo. Depois abaixou a cabeça e segurou as lágrimas. Não falou nada, dominou-se e continuou com o curativo.

À noite, a sós, pôs-se a pensar como ele estaria no caixão, se seus familiares estariam chorando. Orou para ele desejando-lhe paz.

Algum tempo depois, e por muitas vezes, sentiu Evandro perto dela. E, quando isso ocorria, orava por ele com fé, chegando mesmo a lhe falar:

– Evandro, você não deve ficar entre os vivos de corpos carnais. Vá para perto de pessoas como você. Deve entender que seu corpo morreu e que agora vive de outro modo.

Lídia era católica, embora havia anos não fosse à igreja nem conversasse mais com nenhum padre. Sentia muitos espíritos ao seu lado e freqüentemente falava com eles com carinho. Eram familiares, conhecidos e até desencarnados que nunca vira. Ela não tinha medo, só que não sabia bem como orientar essas pessoas, ou melhor, esses espíritos já desencarnados. Seguia sua intuição e os ajudava muito.

Uma tarde, sentada sozinha, sentiu Evandro novamente. Em vez de falar como sempre fazia, tentou escutá-lo e então ouviu:

– "Lídia, perdoe-me! Rogo seu perdão, pelo amor de Deus".

Então compreendeu que Evandro sentia que errara com ela e respondeu com sinceridade:

– Evandro, quero-o feliz! Sempre quis, tanto que não foi por orgulho que não o procurei quando aquele triste acidente aconteceu. Achei que se ficasse com você iria fazê-lo infeliz e deixei que se afastasse. Nunca o perdoei porque nunca o culpei. Não achei que precisasse do meu perdão, perdôo-o de coração. Nada me deve. Siga em paz!

Percebeu que ele se afastou e por muito tempo não mais o sentiu. Uma noite, quando orava, sentiu-o ao seu lado. Estava diferente, tranqüilo e grato. Ficou feliz por compreender que ele estava bem.

A perna doía terrivelmente. Havia dias que Lídia se levantava esforçando-se ao máximo para ficar de pé. Voltou a caminhar de muletas. Vivia na pobreza. Alimentos lhe eram doados pelos pobres e empregados que ela assistia. Os irmãos haviam morrido e estava separada dos sobrinhos. Estes gostavam dela, mas se envergonhavam de ter alguém da família que vivia tão estranhamente. Não a incomodavam e, às vezes, um deles lhe levava alimentos e remédios.

Lídia nunca reclamava. Seu semblante era de paz, sua expressão bondosa cativava todos que a viam. Ela sentia-se feliz porque se harmonizara com as leis do Criador.

Desencarnou tranqüilamente numa madrugada fria. Os empregados, vendo que ela não se levantara, que não abrira a porta de sua casa, foram lá e a encontraram morta.

A família fez um enterro simples, porém as orações em seu favor foram muitas. Os pobres da região sentiram muito a morte da benfeitora.

Lídia teve uma dor no peito, quis pegar a água que estava ao lado do seu leito, mas não conseguiu. A dor foi se suavizando e ela adormeceu. Acordou tranqüila, sem dores e se espreguiçou. A perna não doía mais, alegrou-se. Observou bem onde estava. O quarto todo branco parecia pintado recentemente; o leito era alto e confortável; da janela, vinha uma claridade brilhante e havia flores em cima de uma mesinha.

"Onde estou? Que lugar é este? Por que será que não me dói a perna?"

Sentou-se com facilidade no leito, puxou o lençol descobrindo-se. Olhou a perna. Assustou-se. Sua perna estava sadia, sem nenhum sinal do ferimento e não estava inchada.

"Meu Deus! Morri? Que se passa comigo? Por que me sinto tão bem?"

A porta se abriu e ela viu o amigo médico que havia muito tempo tinha desencarnado. Olhou-a com carinho e sorriu.

– Como está, menina Lídia?

Era assim que ele a chamava. Lídia sentiu um pouquinho de medo do desconhecido. Refugiou-se nos braços do amigo e o medo desapareceu. Sentiu-se protegida e amada.

– Diga-me, doutor, morri?

– Seu corpo carnal morreu, menina. Agora é sadia como seu espírito. Será muito feliz aqui conosco.

Bem-disposta, sentindo-se leve, Lídia saiu com o amigo a saltitar pelo jardim do hospital. Dias depois, já estava estudando, trabalhando sem o peso do corpo doente.

Recebeu a visita de Evandro, emocionada. Estava envergonhado, ficou olhando-a em silêncio, depois de minutos, conseguiu dizer:

– Lídia, perdoe-me!

– Você já não me pediu isso antes? O que respondi a você? – disse Lídia.

– Que me perdoou!

– Por favor, sinta-se perdoado e perdoe a si mesmo!

– É difícil! Sinto que errei tanto com você!

– E quem sofreu com tudo isto? – indagou Lídia tranqüilamente.

– Fui eu! – exclamou Evandro tristemente.

– Evandro, tente consertar o erro com acerto!

Passaram a se encontrar com freqüência e a conversar muito. O amor deles era forte, e o carinho grande. Tornaram-se amigos. Ela o ajudou muito.

Lídia entendeu que sua vida nesta encarnação não fora fácil, porém era o que necessitava. Estava muito feliz no plano espiritual. Continuou com alegria a ajudar os doentes. Mas e sua existência passada? Quis recordar, queria saber.

Lídia e Evandro tiveram outros nomes mas, para facilitar a compreensão, vamos chamá-los com os nomes já conhecidos.

Na encarnação anterior, ela era escrava e o seu senhor era Evandro. Ela era muito bonita, uma negra linda que, tendo consciência desse encanto, tudo fez para conquistar seu sinhô. Evandro a amava, porém não quis esposá-la. Não queria para esposa uma escrava, uma negra, e a teve como amante. Porém, casou-se, aceitou a esposa que a família lhe arranjou. Todos na fazenda, até a esposa, sabiam do envolvimento do patrão com a bela escrava, e ela valia-se dessa regalia. Não trabalhava, era servida por outros escravos, morava numa casa próxima à casa-grande e lá ia quando queria. Ela não teve filhos, mas a esposa de Evandro sim.

A escrava aprendeu com a mãe e a avó a fazer remédios com ervas e se especializou em uma que era abortiva. Dava a quem lhe pedia. Ao saber que a esposa de Evandro estava grávida, deu-lhe a erva num suco sem que ela soubesse e ela abortou. Ninguém desconfiou, e Lídia fez isso mais três vezes. Na quarta, a moça desencarnou.

A escrava alegrou-se com a viuvez do amado, desdobrou-se em carinho, achando que ele agora ia ficar com ela. "Evandro já tem filhos brancos para continuar seu nome e agora não há nenhum empecilho, nada me impede de casar com ele e de ser a dona absoluta da fazenda", pensava. Evandro, porém, pensou e agiu diferente. Casou-se novamente e com uma branca. Ela revoltou-se e jurou vingança.

Sua vida continuou como antes. Passado o período de lua-de-mel, Evandro voltou a se encontrar com ela. Não desconfiou de seus planos. Julgou que estava tudo bem. Até lhe falou:

– Você é negra! Como casar com você? É uma escrava! Você é minha amante e só! Protegerei sempre você. Terá sempre o meu amor!

– Será que você me ama mesmo?

– Sim, amo-a. Não está bem assim? É amada e tem tudo o que uma escrava nem sonha ter. Não reclame!

– Isto é maldade! Poderia ser uma boa esposa! – queixou-se Lídia.

– Para as pessoas rirem de mim? Está doida? Sou um senhor! Só caso com brancas e de família importante como a minha! Tive sorte com as minhas duas esposas e aviso-a de que, se ficar viúvo novamente, casarei com outra branca.

A jovem esposa, logo que soube da amante do marido, reclamou, mas ele desmentiu. Então ela falou com seu pai, que advertiu Evandro. Sentindo-se ameaçada, Lídia planejou livrar-se da ameaça.

Inteligente, executou um plano sórdido. Havia um primo da segunda esposa de Evandro que a visitava sempre. Eram visitas de amizade, mas ela induziu o amante a acreditar que a esposa o traía com esse homem.

Ela tinha uma cúmplice na casa-grande – uma jovem escrava, dama de companhia da sinhá – que a ajudou a executar o plano. Colocou no licor que era servido sempre às visitas um extrato de ervas para dormir. Depois de tomarem o licor, a sinhá e a visita adormeceram, a escrava locomoveu a esposa para perto do primo e os deixou como se estivessem abraçados.

O resto do plano, Lídia mesma executou. Assim que Evandro chegou à casa-grande, ela foi atrás e disse:

– Vá, meu senhor! Vá, Evandro, a sua casa! Veja por si mesmo o que se passa na sua ausência!

Evandro retornou a casa e viu a esposa sentada juntinho do primo. Acordaram assustados com os gritos dele, que expulsou o primo e espancou a esposa. A surra foi grande. Ela caiu e fraturou a perna. Os escravos a acudiram. O pai dela foi chamado. Evandro queria devolver a esposa, mas o pai desconfiou e acreditou no que disse a filha: "Tomamos o licor e adormecemos". Ele então pediu a um dos empregados que o acompanhavam que bebesse do licor. Este adormeceu logo que o tomou.

Evandro de imediato desconfiou de Lídia, porém ficou quieto deixando o sogro investigar. Este chamou os escravos da casa e os ameaçou. A cúmplice de Lídia a delatou. Evandro enfureceu-se e prometeu ao sogro castigá-la. Pediu perdão à esposa e jurou desfazer-se da amante. Evandro era bom, tratava os escravos com bondade e sem castigo. Amava Lídia e não teve coragem nem de surrá-la nem de vendê-la. Agira de modo violento com a esposa e arrependeu-se, porém pensava que fora traído. Mandou a amante para a senzala, para trabalhar na lavoura, com ordem de ninguém encostar nela.

E lá foi Lídia para a senzala. Por sua condição de amante, tinha despertado inveja em muitos escravos, e a vida dela não foi fácil, mas não se entregou. Tratou de fazer amigos usando suas ervas, passou a ajudar os companheiros, primeiro para facilitar sua vida, mas, com o passar do tempo, começou a gostar do que fazia.

Evandro cumpriu sua promessa, não a procurou mais. Dedicou-se à jovem esposa que, pela surra, pela queda, se tornou manca.

Desencarnaram. Sofreram ambos vagando na erraticidade. Foi um período difícil em que entenderam o quanto erraram. Quando socorridos, encontraram-se e conversaram muito.

– Lídia – disse Evandro – fui muito preconceituoso. Amei-a e, se tivesse casado com você, teríamos evitado todo esse sofrimento. Nunca mais deixarei que o preconceito nos separe.

– Errei também. Não deveria ter feito tanto mal. Vamos reencarnar e teremos de lutar novamente contra os nossos defeitos. Talvez você tenha de enfrentar novamente o preconceito para ficar comigo. Mas, se você falhar, eu não falharei. Nada farei de errado para ficar com você. Prefiro vê-lo longe a voltar a errar para tê-lo ao meu lado. Quero, nesta oportunidade, nesta encarnação, reparar meus erros.

A imagem da jovem esposa manca marcou-a profundamente. Quis sentir-se assim e teve nesta encarnação recente a perna deficiente. Evandro infelizmente, novamente pelo preconceito, não a quis. Entendeu que necessitou de perdão e o teve, perdoou e estava muito feliz.

Lídia compreendeu que voltara triunfante desta sua última encarnação, que fez o que planejara e teve a deficiência que por sua culpa fez outra ter no passado. Alegrou-se, porque a deficiência não foi motivo para não fazer o que deveria. Agradeceu por não ter amolecido diante da dor física e não ter, por isso, se tornado ranzinza, desanimada e desagradável. Porque aquele que vê só sua dor e não as dores dos companheiros de jornada torna-se egoísta e muitas vezes insuportável.

Eu, Antônio Carlos, faço um comentário sobre a história que escutei e que prazerosamente narro a outros como exemplo. Quando queremos, os obstáculos são vencidos. Lídia teve motivos que poderiam tê-la impedido de fazer o bem. Só que, se não o tivesse realizado, não teria feito bem a si mesma, porque a maior beneficiada por fazer o bem foi ela própria. Lídia trabalhou pelo bem e fez muito. Dores, decepções e deficiência não a impediram de amar, ajudar, crescer interiormente, de ser útil.

Tantas pessoas, infelizmente, dão, pelas tarefas não realizadas, as mais diversas desculpas e, quando desencarnam, nem elas mesmas as aceitam. E que desilusão! Entendem que perderam uma excelente oportunidade de reparar erros, refazer-se e crescer rumo ao progresso.

Como já disse, dificuldades todos têm. A espiritualidade sabe bem que compete a cada um de nós fazer e cuidar de como deve ser feito. Não nos é exigido o impossível, mas, sim, que realizemos do melhor modo o que nos compete realizar.

Vamos supor que a ajuda, o trabalho que temos de fazer, seja distribuir água, que recebemos de graça e por graça. Água é vida! Sem ela não viveríamos encarnados. Muitas vezes, imprudentemente, deixando-nos dominar pela vaidade, queremos ter uma caixa-d'água, um depósito grande para distribuir com abundância para sermos notados por vaidade, vangloriar-nos. Não me refiro só à distribuição dos bens materiais, mas também em relação à mediunidade. Infelizmente esse fato acontece com a colaboração dos espíritos desencarnados. Muitos querem se sobressair na perfeição para serem considerados, reconhecidos e, se não conseguem, é desculpa para não fazer nada. Pessoas assim devem se acautelar contra a vaidade. O não fazer por achar pouco não é desculpa, porque o pouco se torna suficiente diante da vontade, do amor, do fazer com carinho.

Muitos médiuns infelizmente só querem psicografar se o texto sair com perfeição e logo na primeira vez receber elogios pelo seu trabalho. Acontece isso também na psicofonia, na pintura e nos trabalhos de cura. Esquecem que tudo para ser bem-feito tem de ter o aprendizado, o treino, o trabalho com desinteresse e muitas vezes o trabalho só dará frutos após anos de persistência. Nada de bom surge sem o trabalho perseverante!

Recebemos sempre aquilo de que necessitamos. O importante é usar bem e com equilíbrio. Não se deve querer ter o excesso para ficar guardado. Se tivermos um copo de água para doar, façamo-lo com alegria e amor. Na maioria das vezes, quem nos pede só quer um gole. E, se exigirem de nós um balde de água que não temos, tenhamos a humildade de dizer: "Não tenho, não sei, não faço, não consigo". E que isso não seja motivo para parar com a distribuição da água que temos. Porque, se temos o copo de água, por mais que a doemos, sempre a teremos. Se guardarmos essa água sem doar, ela estraga, não servindo para mais nada, nem para os outros nem para nós. Ainda, como na Parábola dos Talentos[4], pode

4. Mateus 25:14-30 e KARDEC, Allan.*O Evangelho Segundo o Espiritismo,* Cap. XVI, item 6 (N.E.).

nos ser tirada. Se não distribuirmos, não teremos. Devemos doar o que temos, fazer o que somos capazes. Tornamo-nos muito mais capazes quando fazemos com amor e boa vontade qualquer obra por pequena que seja.

É nosso dever aperfeiçoar nossos talentos, tornar a água que temos para doar limpa e agradável; utilizar com equilíbrio os talentos que nos foram dados, sem os menosprezar, sem exigir glórias. Se recebemos um talento, que possamos fazer como Lídia: entrar na espiritualidade, após a desencarnação, com o talento recebido multiplicado.

Lídia acompanhou a reencarnação de Evandro junto dos amigos. Prometeu esperá-lo e o fez. Amava-o.

onze

Reencarnações

Verônica veio depois a ser nossa peralta Amélia e José Venâncio um garoto levado e esperto, o Mauro. Mas será que os dois estiveram juntos outras vezes? Teriam se encontrado em outras encarnações? Fabiano, curioso, pesquisou e veio a saber.

Amélia e Mauro, com outros nomes, viveram juntos no século dezoito. Seus pais eram saltimbancos, iam de cidade em cidade dando espetáculos em feiras, nos subúrbios e nas pequenas vilas. Cresceram juntos, gostavam de correr pelos campos, brincavam e brigavam muito. Moravam em carroças e aprenderam, crianças ainda, a representar. Amélia dançava, cantava e representava e Mauro era o palhaço. Adolescentes, começaram a namorar e o amor nasceu. Todos do acampamento sabiam, só que pensavam ser namoro de crianças.

O grupo passou por dificuldades financeiras. Sempre passava, pois era pobre, mas daquela vez a dificuldade era mais séria. Até os alimentos estavam escassos.

Amélia estava com dezesseis anos, era bonita, graciosa, só que não tinha talento. Mauro era talentoso, fazia a platéia, sempre pouca, rir às gargalhadas.

Foi quando um senhor rico, ao ver Amélia, a quis. Era um homem velho que se interessou por ela, conversou com o pai dela e fez uma oferta para tê-la.

– Deixe a menina comigo. Ela será minha amante. Darei-lhe tudo de bom, irá morar numa casa confortável, terá empregados e roupas boas. Darei por ela uma boa soma em dinheiro!

O homem ofereceu, de fato, uma grande quantia, que resolveria todos os problemas do grupo: poderiam adquirir novos cavalos, carroças, roupas e alimentos. O pai ficou de pensar e dar a resposta.

O pessoal do acampamento ficou sabendo e as opiniões ficaram divididas. Uns acharam que Amélia devia se sacrificar, pois seria por pouco tempo, logo o velho enjoaria dela e então poderia voltar ao acampamento. Outros acharam que era uma indecência e que a menina não deveria ser vendida.

Mas a fome fala mais alto e o pai estava propenso a aceitar.

Amélia e Mauro se desesperaram. Ele não queria a amada com outro nem ela queria morar com o velho. Nada de material lhe interessava, e aquele senhor a repugnava. Decidiram fugir. Combinaram tudo. De madrugada, levando poucas coisas, pegaram um cavalo, saíram silenciosamente e partiram.

Foi uma fuga difícil, não tinham dinheiro nem alimentos. O cavalo era velho e não agüentava com os dois, ora ia um montado, ora outro, ou os dois puxando o cavalo. Alimentavam-se com o que achavam e com o que lhes davam. Mas fugiram e isso era o que lhes importava.

Tiveram de abandonar o cavalo em meio à fuga. Continuaram andando, dormindo nos campos, até que resolveram parar numa cidade. Arrumaram, após muita procura, emprego numa taberna – ela como ajudante na cozinha e ele como serviçal e palhaço. Ganhavam pouco, e as dificuldades eram muitas.

A vida deles foi difícil. Mauro, briguento, não parava em empregos. Vieram os filhos, três, e cada vez mais aumentavam as dificuldades, vieram as brigas e os arrependimentos.

Amélia acusava-o da pobreza e ele passou a sair com outras mulheres. Ela falava com raiva:

– Não deveria ter fugido com você. Nunca mais farei isto!

Souberam que o acampamento de seus pais estava perto de onde estavam, Amélia com os filhos pequenos foi para lá. Foi recebida com carinho pelos pais que se arrependeram por querer vendê-la.

Amélia separou-se de Mauro, ficou vivendo no acampamento, criou os filhos, sempre na pobreza. Mais tarde, casou-se e teve mais dois filhos. Viu Mauro poucas vezes. Este, aventureiro, ficou a andar de um lado a outro, de aventura em aventura sem se importar com ela e com os filhos.

A reencarnação é uma grande oportunidade que nos é dada para progredirmos. Sempre temos muito o que aprender, e devemos nesta, agora, nos instruir ao máximo, não cometer erros e plantar a boa semente, porque a colheita é obrigatória e no futuro a abundância ou a escassez dependerão do que estamos fazendo no presente.

Nesta história, vimos pessoas que estiveram juntas em muitas encarnações. Enquanto não acertarmos os ponteiros, não nos reconciliarmos, teremos quase sempre de voltar juntos.

Amélia e Mauro como saltimbancos não conseguiram ser felizes, não enfrentaram os problemas que surgiram. Amélia, como Verônica, teve medo de fugir com José Venâncio, talvez porque instintivamente não confiava nele, temia a pobreza que a fez sofrer muito anteriormente. Porém, cada experiência que temos é diferente. Ela agiu errado sendo infiel ao esposo. São erros cometidos, e as conseqüências são as dores. E para erros não se tem justificativa. Erra-se e sofre-se até que a compreensão maior nos ensine a anular erros com o verdadeiro amor e com o trabalho edificante no bem. E, por graças, outras oportunidades nos surgem.

Não pense o leitor que sempre estamos juntos com afetos e desafetos. Temos, sim, de acertar desentendimentos, reconciliar-nos com nossos desafetos e expandir sempre os nossos afetos. Temos de aprender a amar a humanidade toda. Um conceito sábio é não fazer desafetos e reconciliar sempre se quisermos ser felizes e viver em paz.

Não devemos querer saber do passado só por saber. Devemos amar a todos que nos rodeiam, aqueles que caminham conosco, sem indagar se já vivemos juntos ou não. Se estamos caminhando juntos, talvez seja para nos reconciliarmos, apertar laços de carinho ou ampliar afetos.

O passado passou e não conseguiremos modificá-lo. Devemos nos preocupar com o presente. Viver bem, para o bem, agora e já! Para que voltar ao passado se temos de caminhar para o futuro? Do passado, só devemos aproveitar as experiências como aprendizado.

Só deve procurar recordar o passado quem tem preparo, senão, serão mais lembranças a incomodar, porque a recordação de erros pode perturbar e atrapalhar o presente. O certo é se equilibrar agora no bem, e as boas conseqüências virão no futuro.

"Não é nossa intenção contestar quem quer que seja.[5] Queremos apenas argumentar um pouco sobre a reencarnação, bem como, com que atitudes devemos encarar os desafios que nos surgem pela frente. No nosso dia-a-dia, temos aprendido numa escola religiosa que a Terra é um vale de lágrimas; portanto, temos de abaixar a fronte e sofrer

5. Texto escrito baseado numa palestra ouvida do meu amigo José Carlos Braghini (N.A.E.).

resignadamente e sem entender as dores e os sofrimentos que porventura nos atingem. Numa outra, ensinam-nos que nosso planeta só é de provas e se esquecem que também é uma escola onde temos a oportunidade de aprender, crescer para o progresso. Os sofrimentos, as dores, são, em parte, resultados dos nossos erros do passado, como também da vivência atual e lições que temos de aprender para evoluir. Não há aqui nenhuma crítica ou desabono a qualquer ensino. Cada adepto tem a escola que precisa. Cada escola dá aos seus discípulos o alimento mental que conseguem absorver. Como podemos ver, ser crente ou seguidor de algumas seitas, às vezes, implica termos tendência a ser mártires.

Talvez, por não ter vocação para mártir, é que olho a vida de uma forma mais construtiva, mais otimista. Nas parábolas do Mestre nazareno, não consigo ver a pregação do sofrimento. Pelo contrário, só consigo ver o estímulo a um bem viver. Para mim, a vida é uma apoteose do Eterno a manifestar-se no ser humano. Este que nasceu o menor possível para tornar-se o maior possível.

O Deus com o qual vivo e que adoro, em tempo algum teve ou tem a intenção de punir as criaturas, que na verdade fazem parte Dele mesmo. Para que haja sofrimento, é necessário que se perca algo ou alguma coisa, seja de nossa própria pessoa ou de algo a que estamos apegados, seja de algum ser amado, ou no desejo de ganhar, ou atingir, alcançar um objetivo, espiritual ou físico.

Vemos, então, que só sofre quem perde, só perde quem possui. Se não possuímos nada ou se não estivermos apegados a nada, não há sofrimentos. Quero esclarecer que desapego não é sinônimo de desamor. Podemos ser desapegados e amar profundamente. Aqui implica compreender com relativa profundidade a unidade do universo. Temos visto que o sofrimento atinge boa parte dos homens encarnados ou desencarnados. Portanto, estar ou não na carne não é causa do sofrimento. Vamos então olhar com mais profundidade para aquilo que somos. Nosso corpo, como o corpo de qualquer animal, tem funções e necessidades. Um fato incontestável, não? A diferença está na capacidade do raciocínio – pensamento este que se baseia na memória, ou melhor, no arquivo de tudo o que a humanidade viveu nestes milênios mais o que vivemos atualmente. Procurando entender nossa memória, vimos que é um arquivo que se enriquece com a constante aquisição de novas experiências do nosso cotidiano. As dificuldades que enfrentamos não são só punições ou pagamentos de dívidas. São desafios a serem vencidos, problemas resolvidos, conhecimentos adquiridos, liberdade conquistada. Somos livres de tudo o que sabemos e escravos do que desconhecemos. Se não enfrentarmos e solucionarmos constantemente nossos problemas e dificuldades, seremos como o aluno repetente que se reapresenta na escola por não ter aprendido a lição. Repete o ano voltando a estudar o que deveria ter estudado, até conseguir compreender o problema que lhe foi apresentado.

Por favor, por caridade, vejam comigo a beleza que a vida nos dá em todos os segundos, a glória de navegar com ela pelo infinito. A maioria de nós navega na contramão, pois, pelo apego, pelo egoísmo, vive para si mesma, isola-se do movimento, estaciona à margem da vida, que inclui não só os homens, mas também todas as manifestações de Deus.

Disse o Mestre nazareno que se o reino dos céus estivesse no alto, as aves nos haviam precedido. Se nos mares, os peixes haviam chegado primeiro. Mas que o reino dos céus não estava aqui nem acolá, mas dentro de cada um de nós.

Vejam, meus irmãos, não há nem tempo, nem lugar, mas sim um estado, uma maneira de viver que pode nos eleger ou colocar num bem viver, independente de estarmos no corpo físico ou fora dele.

Em outra parábola de Jesus, vemos também que os problemas e os desafios existirão sempre. E, como já dissemos antes, eles são necessários para que não adormeçamos. Disse Jesus: *Vinde a mim todos que andais aflitos e sobrecarregados, e Eu vos aliviarei. Tomai sobre vós o meu jugo, e aprendei de mim, que sou manso e humilde de coração, e achareis descanso para as vossas almas. Porque o meu jugo é suave e o meu fardo é leve.*[6]

Jugo suave e peso leve são as dificuldades da vida cotidiana. Para os egoístas, são sofrimentos e dores pungentes, pois vivem em constantes perdas ou medo de perder,

---

6. Mateus 11:28-30 e KARDEC, Allan. *O Evangelho Segundo o Espiritismo,* Cap. VI, item 1 (N.E.).

com o angustiante conflito de se querer o que não está em suas mãos.

Aqueles que olham com mais profundidade o movimento da natureza percebem que é no atrito de interesses que vamos desenvolvendo nossa capacidade criativa. Para o cidadão integrado, a vida é um todo, apesar da diversidade aparente. E dessa forma ele usufrui, mas não possui nada do mundo físico e vive o fato de que até seu corpo físico à natureza pertence. Portanto, não se apossa de nada, mas administra da melhor forma possível o que a vida coloca em suas mãos, para que possa participar de tudo com ela na sua plenitude. Assim, dificuldades são prêmios Daquele que muito nos ama, pois nos quer atuando juntos uns dos outros.

A vida é composta de forças que se opõem e se compõem. É no atrito que o desafio se apresenta. No homem, o atrito existe nas funções e necessidades do corpo, junto com as funções e necessidades do espírito. É necessário que os dois se completem. O espírito se materializa, assim como o corpo se espiritualiza, para que haja o homem completo, o cidadão cósmico total.

Não vejo, não sinto a nossa humanidade como condenada a derramar lágrimas e a se vergar pela pressão do sofrimento. Enquanto estivermos apegados aos nossos sentidos, aos nossos condicionamentos de procurar incessantemente preenchimentos, satisfações e prazeres, a vida estará sempre a nos boicotar, a nos dizer pela negação daquilo que buscamos que ela não é só isto. Já em tempos idos, o Mestre nazareno disse: *Nem só de pão vive o homem.*

A maioria de nós vive mediocremente, passamos quarenta, cinqüenta ou sessenta anos a fazer as mesmas coisas, a só agir na superfície da vida. Não importa estar encarnado ou desencarnado, a vida é um movimento contínuo. É preciso que participemos dela, e que compreendamos que Deus é onipresente em tudo e em todos. Exijamos de nós mais do que Ele nos deu. É necessário que atualizemos o potencial que nos deu, de participar com Ele, de exercitar nossa criatividade. É necessário que transcendamos desta vida tão medíocre de comer, beber, procurar satisfação e depois sofrer as conseqüências desses atos. É aqui na Terra, durante a reencarnação, que encontramos o atrito mais pungente, porque por milênios o homem tem vivido em função da satisfação dos sentidos. Deus quer que atualizemos incessantemente a capacidade de nos tornar um só, um único todo, sem entretanto perder nossa individualidade."

doze

Novos Amigos

Fabiano, após recordar os acontecimentos de suas vidas passadas, procurou esquecer e viver o presente. Os três amigos passaram a ir às reuniões na casa do senhor Mário, das quais gostavam muito.

Um dia, Fabiano ao chegar escutou seu nome ser pronunciado. Parou, quieto. Era Amélia conversando com sua amiga Magda. Estavam sentadas num banco em frente à casa do senhor Mário. Atrás, onde Fabiano parou, havia uma trepadeira que impedia as meninas de vê-lo.

– Diga, Amélia, quem você namora, Mauro ou Fabiano?

– Não namoro ninguém – respondeu Amélia –, sou muito nova para isso.

– Não me esconda, diga de quem você gosta! – insistiu Magda.

– Dos dois. Gosto de Fabiano, ele é frágil, sinto que necessito protegê-lo. Mauro é briguento, gosta de me irritar, mas... acho que gosto muito dele.

Com a aproximação de outros companheiros, Fabiano saiu de onde estava e todos entraram para mais uma aula de evangelização espírita.

– Quero apresentar dois novos companheiros – disse o senhor Mário. – Esta é a Carina e este Leonardo e vieram de São Paulo. Estão hospedados na casa de dona Rosa, nossa companheira de Doutrina Espírita.

Após os comprimentos, a aula teve início. O senhor Mário começou a falar e Leonardo sentiu-se mal. Ficou aflito, suando, e a garotada estranhou.

O senhor Mário calmamente lhe deu um passe e com palavras de incentivo tentou acalmá-lo.

– Será que algum espírito se aproximou dele? – indagou Magda.

– Não creio – respondeu Mauro –, não vi nenhum perto dele.

Leonardo melhorou. Sua irmã mais nova olhava-o preocupada.

– Você melhorou, Leonardo? – perguntou o senhor Mário.

– Sim, estou melhorando, obrigado.

Todos olhavam para ele, que tentou sorrir e falou:

– Senhor Mário, posso explicar? Queria contar a eles o que me acontece.

– Se quiser...

– É que eu sou drogado... – disse Leonardo, um tanto envergonhado.

– É o quê? – indagou Amélia, espantada. – Droga de quê?

– Vou me explicar melhor. Sou viciado! – falou, abaixando a cabeça.

Todos ficaram em completo silêncio. O senhor Mário interferiu para esclarecer a turma. Ali era um local pequeno e naquela época, anos atrás, esta droga que realmente não passa de droga como entenderam os meninos ainda não havia se expandido como agora.

– Vício é tudo aquilo de que somos dependentes, a que estamos presos e do qual não conseguimos largar fácil. Infelizmente, todos os vícios são prejudiciais, ou espiritualmente ou para o nosso físico. Mentir é um vício que nos prejudica espiritualmente, fumar danifica nosso corpo. Tóxico, drogas, como Leonardo disse, são substâncias que se usadas viciam, e a dependência que provocam é muito ruim. Leonardo veio para cá para tentar se libertar e espero que nosso grupo o ajude. Ele sentiu-se mal pela falta dessas substâncias.

– Como você foi se viciar em algo que faz tão mal? – indagou Magda.

– Bem – respondeu Leonardo, um tanto envergonhado –, eu não sabia direito das conseqüências, não acreditei que poderia ser assim. Tenho dezesseis anos e há três eu estudava e trabalhava ajudando meus pais, que são feirantes.

A vida deles não é fácil, trabalham muito, levantam de madrugada e o trabalho é pesado. Depois das dez horas da manhã, eu ficava na banca para eles descansarem. Estudava numa escola pública e meus pais pagavam uma escola particular onde aprendia inglês. Foi então que quis ter amizade com um grupo que estudava nessa escola de inglês. Admirava esses meninos só que eles me achavam careta e, para mostrar a eles que não era, passei a fumar como eles. Só que eles não só fumavam cigarros comuns, mas de maconha. Este cigarro vicia muito e custa caro. Quando percebi, não conseguia mais ficar sem fumar e para ter dinheiro para comprar a droga saí da escola de inglês e usava o dinheiro das mensalidades para adquiri-la. Meus pais continuaram pensando que eu estudava. O grupo me aceitou e passei, contente, a fazer parte do bando. Mas as sensações da maconha já não nos satisfaziam e passamos a usar outra droga, mais perigosa, a cocaína. E cada vez a usava mais, necessitando sempre mais de dinheiro. Passei então a pegar dinheiro da banca dos meus pais e sempre mais. Quando meus pais perceberam, estavam quase arruinados e se desesperaram. Descobriram tudo e sofreram muito. Eu também sofri e sofro. Agora tenho consciência do quanto que os fiz sofrer. Tinham pouco financeiramente e esse pouco foi construído com muito trabalho e eu, imprudentemente, quase os fiz perder tudo. Envergonho-me muito disso. Levaram-me a um médico e estou fazendo um tratamento para me desintoxicar, mas com os amigos perto não agüentava e voltava ao vício. Então, minha tia

Rosa se ofereceu para nos receber aqui em sua casa. Longe deles, e como aqui não convivo com as drogas, irei me desintoxicar e me libertar desse vício ruim.

Leonardo abaixou a cabeça. Só que ele não contou tudo. De fato, viciou-se assim, queria ser aceito na turma e para isso teve de fazer o que eles faziam. Devia ter procurado naquela época outros amigos. Nem todos que experimentam drogas ficam assim tão dependentes, mas quase sempre terminam presos a elas e acabam até piores do que Leonardo. Viciados quase sempre perdem o senso de responsabilidade e praticam muitos atos errados. Leonardo, primeiro saiu da escola de inglês, paga com sacrifício dos pais e usou o dinheiro das mensalidades para comprar drogas. Depois, como o dinheiro não dava, roubou-o. Os amigos ofereciam dinheiro a ele só que com a condição de que trouxesse a irmã para o bando. Eles a queriam para o sexo. E Leonardo começou a dar drogas à irmã. Fazia grande propaganda da turma e convidava-a para sair com eles e também falava com entusiasmo da ilusão dos efeitos das drogas. Ela acabou por experimentá-las. Foi então que os pais deles descobriram tudo e evitaram a tragédia maior. Carina não chegou a se viciar. Mas, temia a turma que passou a assediá-la. Aceitando a oferta de dona Rosa, que é irmã da mãe deles, vieram então para o interior, para aquela pequena cidade que ainda não conhecia este tipo de vício, o tóxico.

São muitos, como Leonardo, que se tornam viciados por motivos fúteis: amigos, namoros, para não parecer boboca, careta etc.; outros, para fugir de problemas. Dos problemas não se foge, é preciso resolvê-los. E, se no momento estes parecem não ter soluções, deixar o tempo passar e os problemas passarão com ele, que é encarregado de resolvê-los. É melhor, quando em dificuldades, procurar apoio em grupos sérios, religiosos, qualquer religião, em Deus, nosso Pai-Maior e ter esperanças. O tóxico dá ilusão falsa e tudo o que é falso é irreal, mentiroso e prejudicial. E são elas, as drogas, que dão problemas sérios e muitos sofrimentos. E as conseqüências de quem se vicia são só dele e não se tem desculpas. Ainda mais atualmente que se sabe muito sobre o tóxico. Usa quem quer e os reflexos são só do usuário. E esses reflexos, essas conseqüências, são bastante desagradáveis. Não se deve experimentar. Mas, se já se está viciado, deve-se lutar para abandonar as drogas, procurar ajuda, esforçar-se para se tornar livre novamente.

Mauro, quando Leonardo acabou de falar, perguntou:

– Leonardo, você me parece inteligente. Que vantagem há nas drogas para você tê-las tomado tanto? São gostosas? Dão prazer?

– Mauro! – exclamou Amélia indignada. – Isto é lá pergunta?

– Só estou curioso...

– Seja sincero, Leonardo – falou o senhor Mário –, e nos responda. Que sentia ao tomá-las?

– Elas me davam coragem para fazer coisas que normalmente não faria – respondeu o garoto.

– Como fazer coisas erradas e roubar de seus pais – disse Mauro.

– Mauro, cale a boca! – gritou Amélia.

Mauro ia responder, mas, diante do olhar de reprovação do senhor Mário, os dois se calaram. E Leonardo voltou a falar:

– As drogas me davam algumas vezes uma sensação de liberdade, de voar, sentia como se não tivesse nenhum problema. Na maioria das vezes tinha sensações gostosas. Outras vezes, ao tomá-las sentia que era perseguido por monstros horrorosos. O fato é que sempre queria mais. Quando passava o efeito, desejava tê-lo de novo.

– Você não podia sentir tudo isto que nos disse sem tomar estas porcarias? – quis saber Fabiano. – Eu me sinto livre quando estou correndo, sinto como se voasse, delicio-me com o vento batendo no meu rosto. Acho que todos nós temos timidez, mas devemos ter coragem, enfrentar e fazer o que tem de ser feito. Mas, penso que devemos é ter muita coragem para não fazer o que é errado. E nunca deixar que incentivos nos levem a praticar atos indignos.

– Agora, começo a entender que não precisava delas – disse Leonardo, sincero. – Mas ainda sinto falta dos tóxicos. E estes momentos de crise são terríveis. Às vezes penso que só não as consumo por não as ter à mão.

– Por hoje, chega – disse senhor Mário. – Voltemos ao nosso estudo.

Quando a aula terminou, lá foram os três amigos juntos, a caminho de casa. Mauro comentou:

– Carina é bonita!

– Ora, nem tanto – respondeu Amélia. – Mas fale para nós como é para você uma mulher linda.

Mauro, todo galante, falou como era para ele uma garota linda, descreveu Amélia, ela ficou toda contente e quis saber o que Fabiano pensava.

– E você, Fabiano, acha Carina bonita? Como seria uma mulher bela para você?

Fabiano olhou para Amélia, viu que ela levava quase escondida a flor que Mauro havia lhe dado. Pensou: "Não quero que Amélia fique indecisa entre Mauro e eu. Sou só amigo dela e quero tê-los sempre como amigos". Amélia fora sua mãe no passado e o sentimento materno é sempre forte. Talvez ela sentisse no íntimo que não fora boa mãe naquela encarnação e agora nesta quisesse protegê-lo e poderia ficar confusa com seus sentimentos. Isso ele não queria, resolveu, então, acabar com todas as possibilidades de namoro entre eles. Que Mauro e Amélia resolvessem lá se ficariam juntos ou não. Calmamente, respondeu:

– Acho Carina bonita. Mas para mim menina linda deve ter cabelos castanhos como os olhos, lábios pequenos, ser meiga e bondosa. Como também ser gordinha, magra não serve para mim.

– Que mau gosto! – exclamou Amélia levantando a mão e deixando bem à vista a flor que ganhara de Mauro.

– Não acho! – falou Mauro. – Cada um tem um gosto.

Fabiano percebeu então que havia descrito como ele se recordava de Lídia, seu amor no passado. A descrição feita por ele era completamente diferente do que Amélia era. Ele ficou contente com o desapontamento da menina, era isso que queria, afastar qualquer idéia de namoro entre os dois da cabeça dela. E agiria assim dali para frente. Demonstrando que era amigo, só um grande amigo.

Dias depois, os três encontraram Leonardo e Carina perto da escola, pararam para conversar, de repente Leonardo sentiu-se mal. Mauro ficou ressabiado, afastou-se uns metros e ficou olhando.

– Que vamos fazer? – indagou Fabiano a Amélia.

– Não sei – respondeu a menina. – Venha cá, Mauro, vamos ajudar!

– Hum!... – respondeu o garoto. – É melhor não interferirmos.

– Que é isso?! Venha cá e já! – falou Amélia, autoritária.

– Você não manda em mim...

– Não briguem! – ordenou Fabiano. – Vamos orar pedindo ajuda a Jesus.

Mauro se aproximou um tanto desconfiado. Rodearam Leonardo e oraram por ele, que melhorou e agradeceu. Os três se afastaram e Amélia indagou a Mauro:

– Por que você agiu daquele jeito?

– É porque vi perto dele uns desencarnados estranhos, bem feios.

– Você ficou com medo – riu Amélia.

– Ora, que medo que nada, só os achei estranhos. Nunca vi nada parecido.

Na reunião seguinte, Amélia contou o acontecido ao senhor Mário e finalizou:

– Mauro, este metido a valentão, para demonstrar que não tem medo, ontem na biblioteca, não agiu corretamente. Fomos pesquisar e, ao entrar na sala, vimos um espírito. Bem, eu vi foi um vulto, mas ele viu nitidamente. O espírito estava lá quieto num canto e Mauro veio devagarinho como se não o visse e rapt... tentou puxar seu cavanhaque. Só que puxou o vento. O espírito olhou-o bravo e falou indignado: "Que garoto mal-educado!" E foi embora e Mauro riu às gargalhadas.

– Fiz isto para mostrar a você que não sou medroso! – falou Mauro.

– Meninos! – interferiu o senhor Mário esclarecendo-os. – Não se deve ter medo de desencarnados, tenham o aspecto que tiverem. Mas, devemos respeitá-los! Você, Mauro, não faria isso com um encarnado, é muita falta de educação fazer brincadeiras desse tipo. Se não agiria assim com um encarnado desconhecido, por que agir com um desencarnado? Por que não ser educado com todos? Devia ter agido normalmente com o espírito que estava na biblioteca. E muitas vezes agimos com bom senso fingindo que não os vemos. Você, Mauro, tem muita vidência e deverá educar-se conosco para usá-la só para o bem.

– Está bem – concordou o garoto. – Agora, entendo e não farei mais essas brincadeiras com quem não conheço. Mas, e aqueles horrorosos que vi? Quem são eles? Que é aquilo?

– Você deve ter visto desencarnados viciados em tóxicos que vieram para perto de Leonardo na tentativa de fazê-lo consumir as drogas e eles usufruírem junto os efeitos. Os vícios degeneram, deformam muito nosso corpo perispiritual.

– Eram feios pra caramba! – falou Mauro. – Sem querer faltar com o respeito, eram horríveis, mas, como podem desencarnados continuar viciados?

O senhor Mário respondeu, e todos os garotos interessados prestaram muita atenção.

– Somos prisioneiros dos nossos vícios, erros, paixões e ódios e só nos tornamos livres quando os vencemos. Lembro-os de Pedro, o espírito das ruínas, ele era prisioneiro da vontade de ter o talismã. Pessoas que amam muito coisas materiais tornam-se escravos delas. E só a desencarnação não as liberta. Com a desencarnação, somos libertos do corpo físico e não dos nossos sentimentos e vontades. Pessoas viciadas em tóxicos, ao desencarnarem, quase sempre continuarão na ilusão da droga e vão querer normalmente continuar desfrutando de seus efeitos. Ficam perto de encarnados que as tomam, sugando os fluidos deles. Isso é muito triste!

– Se Leonardo desencarnasse por uma *overdose* ou preso a este vício iria ficar com aqueles que vi? – perguntou Mauro curioso.

– Acredito que sim! – respondeu senhor Mário.

– Leonardo, você se livrou de uma boa! Fique esperto, rapaz! Deixe disso enquanto é tempo! – exclamou Mauro.

– Mauro está certo, Leonardo – disse o orientador do grupo. – Esforce-se e se liberte! Sabemos de muitos crimes que se cometem por causa das drogas e de tantos que se matam, desencarnam antes do planejado. Se as conseqüências deste vício infelicitam muito os encarnados, são bem piores para os desencarnados. É mais difícil largar o vício não tendo mais o corpo físico. E os imprudentes que se viciam sofrem muito.

– Quando Leonardo sente-se mal é porque esses desencarnados estão perto dele? – indagou Carina, timidamente.

– Não é só por isto – respondeu o instrutor. – Atraímos para perto de nós espíritos afins. Leonardo, ao se viciar, fez amigos viciados, tanto encarnados como desencarnados. Semelhantes se atraem. Estes desencarnados estavam acostumados a se drogarem junto com ele. Sentem falta do companheiro e vieram visitá-lo. Como vocês oraram pedindo ajuda, eles foram afastados. E, se Leonardo não quiser realmente se drogar mais, estes desencarnados não virão mais para perto dele, procurarão outro ou outros que se drogam. Não os querendo, Leonardo se afinará com outros, fará novos amigos, que o ajudarão. Ao usufruir dos tóxicos, tornou-se dependente prejudicando muito o corpo físico. Leonardo sente-se mal por abster-se das drogas. Mas isto passará logo.

– E esses desencarnados, o que acontecerá com eles? – perguntou Fabiano, penalizado.

– Sempre somos ajudados quando queremos. Eles também serão quando pedirem auxílio. Há no plano espiritual muitos lugares que ajudam esses desencarnados.

– Se essas drogas são caras, alguém deve ganhar dinheiro com elas – falou Mauro.

– Você concluiu certo. São muitas as pessoas que enriquecem com elas.

– Aposto que não se viciam e riem dos bobos que o fazem – falou Mauro, rindo.

– Mauro, olha o respeito! – Amélia advertiu-o.

– Ora, não quero ofender ninguém. Mas como você quer que os chame? De inteligentes? Se destroem a si mesmos por ilusões e enriquecem uns desonestos...

– Bem – disse o senhor Mário –, vocês todos devem tirar lição deste acontecimento. Devemos nos amar, querer nossa saúde e felicidade ficando longe de tudo o que nos prejudica e nos infelicita. Longe dos tóxicos! Busquemos nossa felicidade no que é verdadeiro! E, como Mauro disse, sejamos espertos!

– E também corajosos! – falou Mauro.

– Coragem por que, valentão? Tudo para você é coragem – falou Amélia.

Todos riram e Mauro ficou sem graça. Novamente o senhor Mário intercedeu.

– Mauro não disse nenhuma bobagem! Devemos ser corajosos ao dizer "Não! Não quero, obrigado. Não uso drogas. Não faço isso! Posso ser careta, mas não quero!" E muitas pessoas se arrependem profundamente por ter se acovardado. É corajosa, sim, a pessoa, o jovem que diz "não" ao tóxico.

Leonardo e Carina ficaram com a tia um ano e meio. Durante este tempo freqüentaram o grupo de estudo espírita. Leonardo se libertou do vício e tornou-se responsável. Quando voltaram para a casa dos pais, agiram diferente. Os dois mantiveram correspondência com o grupo. Contaram que passaram a freqüentar um centro espírita, voltaram a estudar e a trabalhar, ajudando os pais.

Quando queremos, livramo-nos de qualquer vício. Só que muitas vezes necessitamos de ajuda, como Leonardo teve. Não se acanhe, você que precisa, de pedir auxílio. E, a você que corajosamente disse não ao vício, parabéns. É uma pessoa que se livrou de muitos acontecimentos desagradáveis e sofrimentos desnecessários.

treze

Grupo de Estudos

Fabiano, Mauro e Amélia resolveram ser espíritas e passaram a ser assíduos nos estudos. Os pais dos garotos concordaram. Os de Fabiano se alegraram pela boa melhora que ele teve. A religião espírita, diziam, fez sua saúde melhorar, passou a dormir bem e a viver mais tranqüilo. Os pais de Mauro também acharam bom, pois a religião o estava melhorando, tornando-o menos levado e briguento. Porém, os pais de Amélia não aceitaram muito, tentaram impedir a filha de ir, mas a garota, determinada, sempre dava um jeito e ia.

O senhor Mário era um bom espírita. Tinha como meta sua reforma íntima. *Reconhece-se o verdadeiro espírita por sua transformação moral e pelos esforços que faz para domar suas más inclinações*. Tinha por estes dizeres de Allan Kardec profunda admiração e procurava com todo seu esforço conduzir sua vida no bem e no aprendizado. Não fora fácil assumir a crença espírita, tempos atrás, numa pequena cidade. Sofrera preconceito, e também seus filhos pequenos foram discriminados. Ele seguiu firme e procurou por seu exemplo ser respeitado e fazer as pessoas respeitarem o Espiritismo. Sempre ajudou a todos que o procuravam, tentando fazer o melhor possível para orientá-los. Trabalhava consertando sapatos e na horta no quintal de sua casa, para seu sustento e o de sua família. Trabalhava muito com honestidade e sempre teve tempo para o trabalho espiritual. Achava – e estava certíssimo – que sua vida honrada e simples era a melhor maneira de mostrar aos habitantes do lugar que o Espiritismo era bom. É pelos frutos que a árvore é tachada de boa ou má. Foi pelas boas obras que ele fez a Doutrina Espírita, naquela cidade, ser vista como boa. Isso deveria ser regra para todos os dirigentes espíritas: serem simples, honestos, terem boa moral, serem estudiosos para que outras pessoas possam tê-los como exemplos.

Todos nós temos a obrigação de ser bons, honestos e leais. Muito é cobrado dos que se destacam como líderes religiosos. Talvez porque se dispondo a fazer algo mais, têm de ser melhores. Realmente, seria muito bom que fossem. A Doutrina Espírita nos dá muitos ensinamentos que nos levam a uma compreensão maior da vida. E todos os espíritas deveriam se empenhar para melhorar intimamente. E aos dirigentes cabe a tarefa de exemplificar. Tendo boa moral, ele se impõe diante dos encarnados e muito mais aos desencarnados. É pelo exemplo que arrastamos os outros.

Naquele dia, a aula foi muito importante e interessante. Foi uma reunião em que os garotos puderam fazer as perguntas que queriam.

Magda indagou:

– Eu, sendo espírita, terei todos os meus problemas resolvidos? Não terei mais dificuldades?

– A Doutrina Espírita – respondeu o senhor Mário – não resolve problemas. Mas nos dá entendimentos para melhor resolvê-los e enfrentá-los. Porém, se formos espíritas conscientes, entenderemos que temos de evoluir, nos modificarmos para melhor, fazer o bem e nos instruir nas Verdades Eternas. Agindo assim, conquistaremos amigos. Amigos que nos fortificam no carinho e nos ensinamentos de Jesus. E tendo amigos, encarnados ou desencarnados, eles nos ajudam, sustentam-nos nas dificuldades por que venhamos a passar. Religião nenhuma nos isenta de problema. Mas, para os que compreendem as dificuldades, elas se tornam mais solucionáveis e os sofrimentos mais leves.

– Eu sou fã do tal Allan Kardec e de todos os que o ajudaram no trabalho que fez! – exclamou Mauro em voz alta. – Será que não posso pedir a ele que venha a ser meu protetor? Meu guia?

Todos riram. Amélia o advertiu.

– Mauro, não seja pretensioso! Quem é você para querer que Allan Kardec seja seu guia?

– Ora, sou Mauro e quero fazer o bem com a vidência que tenho.

– Isso é bom, Mauro – disse o senhor Mário. – Querer é poder. A boa vontade e a disposição são importantes a todos os que almejam fazer o bem. Acredito que você fará o que deseja! Porém, Allan Kardec, esteja ele encarnado ou desencarnado, estará sem dúvida continuando sua caminhada, instruindo-se e ensinando a muitos.

– E ele deve estar muito ocupado! Certamente não dispõe de tempo para ser o guia de um garoto valentão – disse Marília, outra garota do grupo.

– Parece que entendi – falou Mauro. – Este senhor, o Kardec, é muito importante para ser o guia de alguém. Instruído como é, deve ser orientador de muitos.

– Ora, é fácil de entender – falou Fabiano. – Cada um tem o seu trabalho a fazer. A um professor universitário não caberá fazer um trabalho braçal, como carpir uma roça. Acho que Allan Kardec é como um professor universitário, é um mestre porque se esforçou para sê-lo, estudou muito nas suas encarnações e agora certamente deverá estar fazendo um trabalho de acordo com sua capacidade.

– É mais ou menos isso! – exclamou o senhor Mário. – Allan Kardec é um espírito que muito estudou e deve estar continuando a fazê-lo, porque sempre temos o que aprender. Ele deve ser um exemplo para todos nós. Se o Codificador fez, também podemos fazer. Mas não é só ele que devemos ter como exemplo. São muitos os orientadores encarnados e desencarnados que pelos seus esforços conseguiram caminhar mais rápido que a maioria. Somente por motivos particulares ou excepcionais caberá a um espírito, como você Fabiano disse, mestre, estudioso, evoluído, orientar um grupo somente ou uma pessoa. Mas, mesmo assim, se o fizer, deverá ser como amigo que o visitará em alguns momentos somente, para ajudá-lo ou orientá-lo em decisões importantes, não como guia ou protetor. Neste trabalho de proteção, deverá o desencarnado ter muitas afinidades com o encarnado, porque por anos deverão ser companheiros de trabalho.

– Para ser guia de Mauro, deverá ser um espírito tão atrapalhado como ele – brincou Amélia.

– Eu não sou atrapalhado! – Mauro se defendeu.

– Muitos espíritos devem querer ser o guia, o amigo, ou o companheiro de trabalho de Mauro – falou o senhor Mário. – Ele é alegre, otimista e tem muita vontade de ajudar os desencarnados que sofrem. Pessoas que se unem para um trabalho devem ter muitas coisas em comum.

– Até o mesmo grau de instrução? – quis saber Fabiano.

– Por que não? – respondeu o orientador do grupo. – Ambos podem aprender juntos. Podemos nos instruir em qualquer plano. O importante é não deixar para depois. Fazer agora o que nos compete.

– Então, é errado dizer que pessoas que foram ou são conhecidas, importantes, sejam guias de encarnados? – indagou Fabiano novamente.

– Não me cabe generalizar a resposta. Às vezes, pelo trabalho honesto e persistente, o encarnado e o desencarnado se tornam conhecidos. Fizeram um bom trabalho por afinidades, são companheiros e amigos e, conseqüentemente, esse espírito é o guia desse trabalhador encarnado. Mas, por que preocupar-se só com conhecidos dos encarnados? Por que querer nomes célebres por guias? Será que não há os conhecidos de Deus? Serão importantes somente os que conhecemos? Nomes dos obreiros do bem conhecidos são poucos. E tudo o que é importante tem muitos a orientar. Normalmente, nossos guias, protetores, são velhos conhecidos que tentam caminhar conosco para a evolução. Meu guia foi meu pai na minha outra encarnação. Gostamos muito um do outro.

– Que ele fez de importante? – perguntou Magda.

– Nada que ficasse na história. Foi um bom pai, homem honesto e trabalhador, que sofreu por não entender a desencarnação quando seu corpo morreu. Agora quer junto comigo fazer o bem. É no exercício do bem que nos tornamos bons.

– Essa foi uma lição importante! – exclamou Amélia. – Devemos gostar das pessoas como elas são, amar muito esses espíritos desconhecidos que vêm nos ajudar, trabalhar conosco. Não deve ser fácil ser babá de encarnados. E tantas vezes teimosos! É incoerente pensar que um espírito muito evoluído pode ser protetor de uma só pessoa. Só se esta pessoa for excepcional como ele.

– É isso mesmo, Amélia! – falou o senhor Mário. – Isso são afinidades. Semelhantes se atraem. E tem mais: se guia e protetor, são companheiros de trabalho, se não há trabalho, não há motivo para tê-los. Um espírito é o guia de um encarnado quando este faz a sua parte. Nenhum desencarnado laborioso fica junto de uma pessoa ociosa. Também existe o desencarnado que se ajunta ao encarnado para fazer o mal. Pensam vocês que só o bem é laborioso? Os maus também trabalham só que, imprudentemente, juntam-se com afins para fazerem maldades. E estes espíritos são tidos por eles como seus "protetores". Por isso eu disse que nos afinamos com nossos semelhantes. Sejam vocês, meus jovens, honestos. Façam o bem com amor, sem esperar reconhecimentos, lutem contra a vaidade e não deixem de fazer pelo menosprezo.

– Por meio das nossas múltiplas encarnações, mudamos muito nosso físico. Quando desencarnamos com qual aparência ficamos? – perguntou Magda.

– Normalmente, a que tivemos na última encarnação – respondeu o dirigente. – Sabemos que se pode mudar, o perispírito é modificável. São muitos os desencarnados que mudam a aparência para enganar, impor, castigar, outros para ajudar ou para se sentirem melhor. Até mesmo se rejuvenescem ou sanam deficiências. Para aqueles que compreendem, a aparência não tem importância, mas sim a essência, o que se é realmente.

– Cada pessoa pensa diferente – falou Fabiano. – Dentro da Doutrina Espírita isso também deve acontecer. E isso dá problemas? Há divergências entre grupos ou mesmo dentro de um grupo?

– A verdade é uma só, porém cada um, dependendo do seu grau de conhecimento e compreensão, a vê de um modo. O tempo e o estudo fazem com que mudemos muito em relação a um conhecimento. Para que entendam, vamos comparar a verdade com um triângulo. Muitos, ao ver essa figura, descrevem-na de formas diversas. Os que estão embaixo da figura, descreve-na de modo diferente dos que estão nas laterais e certamente divergem dos que a vêem de cima. Porém, o triângulo lá está, inalterado. Onde muitas pessoas participam e formam um grupo heterogêneo, que opinam de formas diferentes, pode haver divergências. Na Doutrina Espírita também existem estas diversas formas de entendimento. Devem todos ter o bom senso e prevalecer em primeiro lugar os ensinamentos do nosso mestre Jesus e depois o do Codificador, Allan Kardec, que por intermédio dos seus livros de estudos deixou normas bem claras a serem seguidas por nós, que somos espíritas.

Fabiano deu-se por satisfeito com a resposta. Estes desentendimentos nos preocupam pois desejamos que todos se entendam e se respeitem. Vamos fazer um parêntese para falar um pouquinho sobre o assunto.

Para que possamos compreender as diversidades, não devemos olhar as atitudes de um indivíduo ou de vários, mas sim o fato da desarmonia. Entendemos então que essa desarmonia nasceu com o conhecimento do eu, ou melhor, com o aparecimento do homem, com a individualidade. Porém, este cultivo pessoal foi o auxílio sem o qual não seríamos o que somos hoje – indivíduos imperfeitos. Um exemplo tosco:

nascemos, tornamo-nos crianças, jovens e agora somos adultos com mentalidade de crianças.

A divergência de opiniões entre os homens acontece em qualquer atividade, seja no campo físico, de posse, de ganho, seja em nossas concepções religiosas. Isso faz parte de nosso individualismo. Para que haja termo nessas atitudes e divergências, é necessário que destruamos as divisões físicas e psíquicas que criamos por condicionamentos. Se hoje já compreendemos que somos alguém, é necessário que sejamos alguém não separado do todo. Ao contrário, devemos fazer parte do todo. Se isso for visto profundamente, as divergências terminam por si sós, sem traumas, pelo simples entendimento da verdade.

Vamos exemplificar novamente: quando crianças, no curso primário, há quase sempre disputas entre os alunos de uma escola e outra. Cada um pleiteando para si louros de uma eficiência e supremacia. Estão sempre se perguntando de onde são, em que escola estudam. Baseados nos ondes e quantos, dão valores e desvalores antecipados. E, ultrapassando essas formas primárias de relacionamento, ao atingir o nível superior de uma universidade, não se pergunta de onde o indivíduo veio, em que escola estudou. Simplesmente lhe é solicitado que demonstre sua capacidade e saber.

Os jovens conversaram por alguns minutos trocando idéias. A aula terminou, a garotada, contente, saiu. Fabiano ficou, pediu para conversar em particular com o senhor Mário, que o atendeu solícito.

– Senhor Mário, será que poderia me explicar por que um objeto traz sorte ou azar às pessoa? Por que o talismã prejudicou tanta gente?

– Não foi o objeto que prejudicou, foi a ambição. O pedaço de ouro que o fazendeiro achou passou a ser um talismã, quando ele inconscientemente atiçou a cobiça das pessoas que o rodeavam. Como algumas dessas pessoas passaram a ansiar pela fortuna que ele possuía, passaram a ter no pedaço de ouro a focalização de suas ambições. Assim, aquele objeto ficou saturado de energias destrutivas. Não foi por causa do talismã que as desgraças aconteceram, mas sim pela ambição desmedida dos personagens.

– Que posso fazer para acabar com o mal do talismã? – perguntou Fabiano, interessado em neutralizar as energias negativas do objeto.

– Com o tempo, a energia boa ou má se desmancha, sai do objeto, porque ele é neutro e não tem capacidade própria de criar energias que não sejam suas naturalmente. Mas, se você, Fabiano, quer destruir essas energias rapidamente, é só submetê-lo a outras boas. Fazer o bem com ele; de maléfico fazê-lo passar a ser benéfico.

O garoto agradeceu, contente, sabia o que faria e foi para casa. No domingo, cedo, pegou umas ferramentas do pai e foi sozinho para as ruínas.

Pacientemente se dirigiu ao que restava da lareira e com as ferramentas abriu um buraco num de seus lados. Minutos depois, tinha nas mãos o talismã de ouro, embrulhado num pedaço de couro roto. O menino jogou fora o couro, limpou o objeto na roupa. O ouro brilhou! Fabiano observou-o bem. O pedaço de metal tinha forma arredondada, era mais liso de um lado, e do outro, pela má fundição, havia altos e baixos e parecia ter sido esculpido um rosto humano. Parecia um medalhão! Ali estava o talismã tão cobiçado! Colocou-o na palma de sua mão aberta e orou. Pediu a Jesus para que aquele objeto voltasse a ser só um pedaço de metal. Depois embrulhou-o numa folha de caderno e o colocou no bolso. Ajuntou as ferramentas do pai e voltou para casa.

Após guardar as ferramentas, Fabiano foi para a praça. Lá estava acontecendo uma campanha: "Doe ouro para o bem do Brasil". Pelo que ouvira falar, o Brasil estava devendo muito e o ouro arrecadado iria pagar as suas dívidas. Observou o local da arrecadação. Ao notar que os senhores que organizavam as coletas se distraíram, ele rapidamente jogou o embrulho, o ouro, o ex-talismã na caixa. Esfregou as mãos, suspirou aliviado e saiu assobiando.

Os anos se passaram... Os três continuaram amigos e tornaram-se espíritas, trabalhando para o bem com sua mediunidade.

Fabiano formou-se professor, lecionou por anos na escola da cidade. Junto com o seu grupo espírita fundou um orfanato e dele cuidou com carinho. Ajudou a todos que o procuravam dando passes, conselhos e orientações. Sua doença cardíaca, incurável para a época, foi se agravando.

E, mesmo com essa deficiência, fez com êxito o que havia se proposto antes de reencarnar. Desencarnou jovem, antes de completar trinta e três anos, rodeado por amigos encarnados e por inúmeros desencarnados que ele conquistou com sua bondade. E, entre esses amigos, estava Lídia.

Amélia e Mauro se casaram, têm filhos e algumas desavenças, pois ele ainda gosta de irritá-la.

Mauro responde todo convicto quando indagado:

– Eu, medo de desencarnados? Não tenho! Já vivi muitos períodos sem o corpo carnal e com certeza viverei outras vezes. Quando este corpo morrer, estarei vivendo como desencarnado e, queira Deus, que não seja como alma penada ou assombração! Medo? – Ri com seu modo extremamente agradável. – Medo, só tenho da Amélia!

FIM

Ao terminar a leitura deste livro, talvez você tenha ficado com algumas dúvidas e perguntas a fazer, o que é um bom sinal. Sinal de que está em busca de explicações para a vida. Todas as respostas que você precisa estão nas Obras Básicas de Allan Kardec.

Se você gostou deste livro, o que acha de fazer com que outras pessoas venham a conhecê-lo também? Poderia comentá-lo com aquelas do seu relacionamento, dar de presente a alguém que talvez esteja precisando ou até mesmo emprestar àquele que não tem condições de comprá-lo. O importante é a divulgação da boa leitura, principalmente da literatura espírita. Entre nessa corrente!

Sucessos da Butterfly Editora

Lee Carroll & Jan Tober

CRIANÇAS ÍNDIGO

Preparadas na espiritualidade, são diferentes e estão nascendo em todos os continentes. Neste livro – traduzido para vários idiomas, *best-seller* nos Estados Unidos – pais, educadores e psicólogos encontram tudo o que precisam saber para entender e conviver com as crianças índigo – líderes de um mundo em transformação.

Yitta Halberstam & Judith Leventhal

MILAGRES DE AMOR E AMIZADE

Especialmente recomendado para presentear aqueles a quem amamos e desejamos reconfortar. Sessenta e quatro histórias verídicas e emocionantes que nos revelam verdadeiros milagres, sublimes intervenções da providência divina no destino das pessoas. Quando tudo parece perdido, eis que um milagre acontece...

Joanna Campbell-Slan

VOCÊ PODE MUDAR SUA VIDA

Em trinta dias, você vai ganhar uma saudável modificação no seu modo de pensar. Neste livro extraordinário um completo programa de transformação pessoal, para vencer dificuldades e viver melhor o dia-a-dia – de bem com você, com os outros e com Deus.

Robert Holden

RIR AINDA É O MELHOR REMÉDIO

A felicidade e o sucesso estão mais perto de quem é bem-humorado. Rindo, nos libertamos de todas as tensões do dia-a-dia. A medicina do riso não é nenhuma novidade: os efeitos saudáveis e energéticos da alegria de viver encontram-se no hinduísmo, no islamismo, no taoísmo, no judaísmo e no cristianismo...

Susan Kerr

SISTEMA DE MEMÓRIA DA ALMA

Para evitar os "curtos-circuitos" da alma – doenças, fracassos, solidão, depressão – ligue-se, agora mesmo, no Sistema de Memória da Alma. Aprenda a controlar melhor suas emoções, evitando represar energias negativas nos *chacras*.